# INKLUSION – SO NICHT!

UTE SCHIMMLER

# INKLUSION – SO NICHT!

**Eine Lehrerin berichtet, wie es wirklich ist –
eine kritische Bestandsaufnahme aus der Praxis**

SCHWARZKOPF & SCHWARZKOPF

# INHALT

# GRUNDSÄTZLICHE GEDANKEN VORAB

In dem vorliegenden Buch geht es um ein Thema, das zur Zeit die Bildungslandschaft beherrscht: Inklusion. Ich bin schon sehr lange im Schuldienst und möchte aus dem Alltag berichten. Die Beantwortung der Frage, ob Inklusion leistbar ist oder nicht, mögen anschließend andere beantworten. Selbstverständlich sind die Namen fiktiv. Nicht immer war die Zuordnung von Themen leicht. So gibt es natürlich oft eine Durchmischung von Gewalt und Missbrauchserfahrungen. Da es sie aber nicht zwingend geben *muss*, habe ich sie getrennt beschrieben

# 1. KAPITEL

# INKLUSION

## WAS IST INKLUSION?

## WAS IST INKLUSION NICHT?

Inklusion ist in aller Munde. Sie wird überall gefordert und mit unterschiedlichem Erfolg umgesetzt. Doch wenn man einmal nachfragt, was die Leute unter Inklusion verstehen, kommen sehr unterschiedliche Antworten, und die meisten davon sind ganz oder teilweise fehlerhaft.

Im Kern bedeutet Inklusion einfach, dass jeder Mensch dazugehört. Es bedeutet, dass es keine Menschen gibt, die »anders« sind und deshalb in eine vermeintlich homogene Mehrheit »integriert« werden müssen. Es bedeutet, dass Menschen unterschiedlich sind – aber alle ein Recht darauf haben, gleich gut behandelt zu werden. Achtung, es geht nicht um *Gleichbehandlung*, sondern um *gleich gute Behandlung*. Ein Beispiel: Ein Kind, das blind ist, soll entsprechend seiner Einschränkung beschult werden, und es soll nicht etwa unsinnigerweise gefordert werden, es solle genauso lesen lernen wie alle anderen: mit den Augen.

Inklusion ist demnach *nicht* Integration. Integration suggeriert, es gäbe eine »normale« Mehrheit, der sich die »Unnormalen« anzupassen hätten. Dieses Menschenbild gilt zu Recht als überholt. Integration bedeutet immer auch, dass meine individuellen Bedürfnisse und Wünsche zugunsten einer für »normal« deklarierten Mehrheit zurückstehen müssen. Natürlich will Integration erreichen, dass ein Mensch Teil einer Gruppe wird, und ist deswegen kein per se negatives Konzept, insbesondere dann, wenn es um soziale Außenseiter geht. Inklusion geht aber weiter, indem die Grundannahme hier ist, dass jeder Mensch von vornherein dazugehört, ohne sich anpassen zu müssen. Wenn ein Mensch sozusagen aus dem üblichen Rahmen fällt, ist es Aufgabe der Mehrheitsgesellschaft, diesen Rahmen zu erweitern.

Das vorliegende Buch möchte, basierend auf meinen Erfahrungen als Grundschullehrerin in einem sozialen Brennpunkt in Bremen, beleuchten, wie Inklusion umgesetzt wird, welche Spannungsfelder sich ergeben und welche Konsequenzen daraus abzuleiten sind. Die beschriebenen Erfahrungsberichte sind alle anonymisiert und stammen aus unterschiedlichen Klassen und Jahrgängen von 1 bis 4. Zum Teil sind auch Erfahrungsberichte anderer Kollegen und Kolleginnen angeführt.

Im Grunde kann jedes Kind zu gewissen Zeiten Probleme in der Schule haben. Es gibt Kinder, die diese ständig haben, und es gibt jene, die auf bestimmte von außen herangetragene Probleme und Situationen sensibel reagieren. In allen Fällen ist die Intervention von Lehrern sinnvoll, unter Umständen auch von Förderlehrern. Diese Intervention kann bis zur Behebung des Problems dauern, sie kann aber auch während der gesamten Schulzeit vonnöten sein. In jedem Falle sollte sie ohne Aussonderung stattfinden.

Letztlich ist Inklusion eine Einstellung. Wichtige Überlegungen für eine erfolgreiche Umsetzung sind zum Beispiel passgenaue gemeinsame Ziele und deren Formulierung in den Lehrerkollegien, Möglichkeiten des Teamteaching bzw. die Anwesenheit von mindestens zwei Lehrern im Klassenraum sowie die Schaffung einer Umgebung, in der alle Beteiligten es normal empfinden, wenn individuelle Förderung stattfindet.

Das *Bremer Bündnis für schulische Inklusion* stellt folgende Forderungen zusammen: »Von den politisch Verantwortlichen in Bürgerschaft und Senat und von der Bildungsbehörde müssen die notwendigen Rahmenbedingungen für eine gelingende Inklusion geschaffen werden.

Dazu gehören:
- Ausreichende Zeitkontingente für die multiprofessionelle Kooperation der LehrerInnen, SonderpädagogInnen, ErzieherInnen und SozialpädagogInnen.

- Bildungspläne, die für das gemeinsame Lernen von Schüler-Innen mit und ohne sonderpädagogischen Förderbedarf geeignet sind.
- Kompetenz- und entwicklungsorientierte Lern- und Leistungsrückmeldung, die verbindlich für alle Grund- und Oberschulen ist.
- Ausreichend Differenzierungs-, Ruhe- und Therapieräume.
- Die systematische Reduzierung baulicher Barrieren in Bremens Schulen.
- Die Ausrichtung der Aus- und Fortbildung der LehrerInnen auf inklusive Pädagogik und Didaktik mit Erhalt einer hohen sonderpädagogischen Fachkompetenz.
- Zeitkontingente für alle an Schule Tätigen zur Fortbildung in inklusiver Didaktik und inklusiver Schulentwicklung
- Mehr Unterstützungsangebote für die Entwicklung einer inklusiven Schul- und Lernkultur für die einzelnen Schulen.
- Ein breites Hospitations- und Schulbesuchsangebot, um von den Inklusionserfahrungen anderer Schulen lernen zu können.
- Regelschulen, die SchülerInnen mit den Förderschwerpunkten geistige und körperliche Entwicklung, Hören, Sehen und Autismus unterrichten, werden personell, räumlich und sächlich so ausgestattet, dass sie eine vergleichbare Förderung, Therapie und Pflege wie die speziellen Sonderschulen gewährleisten können. Ihre Schul- und Lernkultur muss ein erfolgreiches gemeinsames Lernen und die Potenzialentfaltung aller SchülerInnen ermöglichen. Nur so wird für die SchülerInnen mit Behinderung und ihre Eltern das formale Recht auf Inklusion zu einem wirklichen Recht.
- Eine ausreichende systemische Personalzuweisung für die SchülerInnen mit den Förderschwerpunkten Lernen, Sprache und emotionale und soziale Entwicklung, die sich an

der tatsächlichen Zahl der im Land Bremen vorhandenen Schülerinnen mit den Förderschwerpunkten LSE orientiert. Für diese SchülerInnen werden Förderdiagnostik und Förderpläne aber keine Feststellungsgutachten erstellt.

- Individuelle Förderung ist das Recht aller SchülerInnen. Hierfür müssen über den sonderpädagogischen Förderbedarf hinaus ausreichende Ressourcen zur Verfügung stehen.« (Bremer Bündnis 2017)

In der Soziologie beschreibt *Inklusion* die Einbeziehung von Menschen in die Gesellschaft. Der Begriff hat seine Wurzeln im Lateinischen, wo das Nomen *inclusio Einschließung* und *Einbeziehung* bedeutet. Der Begriff *Inklusion* wurde von Talcott Parsons in die Soziologietheorie eingeführt und von da aus von verschiedenen Theoretikern weiterentwickelt.

Als soziologischer Begriff beschreibt das Konzept der Inklusion eine Gesellschaft, in der jeder Mensch unabhängig von individuellen Merkmalen wie z. B. Geschlecht, Alter, Herkunft, Religion, Bildung oder von eventuellen Behinderungen gleichberechtigt und selbstbestimmt an dieser teilhaben kann. Martin Kronauer verdeutlicht die normative Verwendung des Begriffs *Inklusion* im Zusammenhang mit der Ungleichheitsforschung in Abgrenzung zum Begriff der *Integration*.

Letztere gehe von einer vorgegebenen Gesellschaft aus, in die integriert werden soll, Inklusion hingegen mache zunächst einmal erforderlich, dass exkludierende gesellschaftliche Verhältnisse erkannt und überwunden werden. (vgl. Kronauer, M. 2015)

In diesem Zusammenhang erklärt Susanne Abram, dass sich der Begriff *Integration* insofern vom Begriff *Inklusion* unterscheidet, »als es bei der Integration von Menschen immer noch darum geht, Unterschiede wahrzunehmen und zuerst Getrenntes wieder zu vereinen. Inklusion hingegen versteht sich in Bezug auf Schule als ein Konzept, das davon ausgeht, dass alle Schüler mit ihrer Vielfalt an Kompetenzen und Niveaus aktiv am Unterricht teilnehmen.« (Abram S. 2003)

In einer idealen inklusiven Gesellschaft gibt es keine definierte Normalität, die jedes Mitglied dieser Gesellschaft aufweisen muss. Normal ist die Tatsache, dass es Unterschiede gibt. Aufgabe der Gesellschaft wiederum ist es, Strukturen zu schaffen, die es allen Mitgliedern dieser Gesellschaft ermöglichen, sich ohne Hindernisse darin zu bewegen. Genau diese Aufgabe aber ist es, an der zurzeit die Inklusion scheitert. Wir »inkludieren« alles und alle, ohne Rücksicht auf Verluste. Wir versuchen in den Schulen eine Normalität zu schaffen, indem wir vorgeben, dass doch alle zu einer Gruppe gehören. Aber so ist es nicht.

Die inklusive Pädagogik beschreibt einen Ansatz, der im Wesentlichen auf der Wertschätzung der Vielfalt beruht. In einem inklusiven Bildungssystem lernen Menschen mit und ohne Behinderungen von Anfang an gemeinsam. Homogene und damit separierende Lerngruppen werden nicht gebildet. Von der Kindertagesstätte über die Schulen und Hochschulen bis hin zu Einrichtungen der Weiterbildung wird niemand aufgrund einer Behinderung vom allgemeinen Bildungssystem ausgeschlossen. Vielmehr ist es die Aufgabe des Bildungssystems, durch Bereitstellen von speziellen Mitteln und Methoden einzelne Lernende besonders zu unterstützen und zu fördern. Nicht das Individuum muss sich also an ein bestimmtes System anpassen, sondern das System muss umgekehrt die Bedürfnisse aller Lernenden berücksichtigen und sich gegebenenfalls anpassen. Dazu gehören Sätze wie *Vielfalt macht stark* oder *Es ist normal, verschieden zu sein*.

Der Bildungswissenschaftler Gottfried Biewer definiert die inklusive Pädagogik als »Theorien zur Bildung, Erziehung und

Entwicklung, die Etikettierungen und Klassifizierungen ablehnen«. Für ihn gibt es nur eine Gesamtheit von Schülern, deren Mitglieder unterschiedliche Bedürfnisse haben.

Damit beschreibt *Inklusion* einen weitreichenden Wandel des Gesellschaftssystems, der ohne veränderte Strukturen und Einstellungen aller in diesem Bereich Beschäftigten nicht auskommen kann. Grundlage hierfür muss die Einigkeit über ein grundlegendes Bildungsverständnis für *alle* Kinder sein. Laut Birgit Papke (2016) ist »Bildung … ein Konstrukt in einem kulturellen und wissenschaftlichen Bezugsrahmen, …, in dem Vorstellungen über das Verhältnis von Person und Welt und die Entwicklung der Person in diesem Verhältnis formuliert und verdichtet werden. Beides unterliegt historischem und gesellschaftlichem Wandel«.

Sind aber nur die Kinder von der Inklusion betroffen? Dem ist nicht so, auch wenn das die allgemeine Annahme ist. Im Grunde sind alle in diesem System Arbeitenden von ihr betroffen: Kinder, Lehrer, Erzieher, Institutionen – und nicht zuletzt auch die Eltern.

Dabei hat die Schule es heute nicht leicht. Immer neue Veränderungen erschweren die Arbeit von Kindern, Lehrkräften und weiteren an Schulen arbeitenden Menschen. Konnten »früher« problemlos 40 Kinder in einer Klasse unterrichtet werden, verzweifeln viele Lehrkräfte heute, wenn sie mehr als 20 Kinder haben. Woran liegt das? Sind die Lehrer oder Lehrerinnen heute weniger belastbar als früher? Sind die Kinder heute weniger erzogen als früher? Sind die Eltern heute anspruchsvoller als früher?

Ich denke, wie so oft findet sich die »Wahrheit«, wenn es denn eine absolute gibt, in der Mitte. Wir finden heute Kinder in den Klassen, die aus Patchworkfamilien kommen und mehr oder weniger verunsichert sind. Es gibt Kinder, deren Eltern drogenabhängig sind. Es gibt die Kinderarmut, auf die ich später noch eingehen werde. Es gibt immer neue Verordnungen, die sich die Lehrer aneignen müssen.

Dazu kommen Schuluntersuchungen wie VERA oder PISA, die offiziell dazu dienen, ein »objektives« Ranking zu ermöglichen, und den Schulen helfen sollen, Defizite zu erkennen und zu bearbeiten. Auch als Diagnoseinstrument und bei der Leistungsbeurteilung sollen Tests wie *VERA* sinnvoll sein. Diese Abkürzung steht für *Vergleichsarbeiten* in der 3. und 8. Jahrgangsstufe und soll untersuchen, welche Kompetenzen die Kinder zu einem bestimmten Zeitpunkt erreicht haben. (vgl. iqb, Institut zur Qualitätsentwicklung im Bildungswesen. Berlin) In Deutschland sind diese Tests verpflichtend; einige Bundesländer bezeichnen sie als »Lernstanderhebungen« oder Kompetenztests. Dabei wird in der 3. Klasse alternierend Deutsch oder Mathematik abgeprüft; im Fach Deutsch ist zwingend der Bereich Lesen; andere Bereiche wie Sprache, Rechtschreibung oder Sprache untersuchen können hinzukommen. Ist es aber wirklich sinnvoll, ein solches Ranking zu erheben bzw. zu ermöglichen? Inzwischen ist bekannt, dass immer die gleichen Bundesländer mit wenigen Veränderungen das Schlusslicht bilden – Bremen ist eines davon –, aber geholfen ist durch diese Erkenntnis niemandem. Und – sind solche Untersuchungen eigentlich überhaupt in einer Zeit sinnvoll, in der Inklusion wirklich gelebt werden soll? Was sagen diese gleichmachenden Studien über die individuellen Lernfortschritte einzelner Kinder aus?

Darüber hinaus erschweren immer wieder neue »Reformen« den Schülern und Lehrern das Leben. Versuche mit vierjähriger Grundschule, sechsjähriger Grundschule, Familienklassen oder jahrgangsübergreifendem Unterricht in unterschiedlichen Ausprägungen tragen zwar zum einen zur Bereicherung der

Bildungslandschaft bei, zum anderen aber auch zur Verunsicherung aller in diesem System Arbeitenden, weil kaum eine Reform genügend Zeit erhält, um sich zu etablieren. Nun kommen auch noch die Ganztagsschule und die Inklusion hinzu. Vor allem Letztere ist zu Recht häufig im Fokus der Lehrer und Lehrerinnen.

Um Inklusion angemessen umsetzen zu können, muss zunächst einmal der jahrhundertelang gehätschelte Gedanke einer homogenen Schülerschaft aufgegeben werden. Es handelt sich bei jeder Gruppe, ob nun Lerngruppe, Klasse oder AG, stets um individuelle, heterogene Einzelpersönlichkeiten. Diese theoretische Einsicht erfordert zwangsläufig Konsequenzen in der praktischen Unterrichtsgestaltung. Dabei muss über die einzusetzenden Methoden ebenso nachgedacht werden wie über das Zeitmanagement oder die Gruppengröße.

Bei einer inklusiven Schule liegt der Fokus auf dem sozialen Miteinander. Dennoch, und das ist nach meinen Beobachtungen häufig ein Kritikpunkt, darf der Leistungsaspekt nicht außer Acht gelassen werden. Ich habe viele Schulen gesehen, in denen die LehrerInnen und SchülerInnen sehr respektvoll und wertschätzend miteinander umgingen. Die Leistungen waren aber in manchen Bereichen zum Teil ein Schuljahr im Rückstand. Das ruft natürlich die Eltern von leistungsstarken Kindern auf den Plan, und dies völlig zu Recht. Das eine geht nicht ohne das andere. Das bedeutet, neben dem sozialen Miteinander muss ein guter Unterricht gewährleistet sein, der jedes Kind dort abholt, wo es steht, und es individuell nach seinen Begabungen fördert, nicht nur die Schwachen, sondern auch die leistungsstarken Kinder, die bei diesem Konzept oft vergessen werden.

# PROBLEMFELDER

Aber: Geht das überhaupt? Können Kinder mit unterschiedlichen Förder- und auch Forderbedarfen gemeinsam mit anderen beschult werden?

Auf der Pro-Seite stehen Menschen, die sich sozialere Individuen auf der einen Seite und Abbau von Ängsten und Hemmungen auf der anderen Seite versprechen. Sie vertreten häufig die Meinung, dass ein »gutes« Vorbild wichtiger sei für benachteiligte Kinder als der Umgang mit einer gleich starken oder schwachen Gruppe.

Die Gegner einer gemeinsamen Beschulung werfen vor allem die praktischen Fragen auf: Wie viel Differenzierung ist machbar? Kommen nicht irgendwann die Schwachen genauso zu kurz wie die Guten? Es sind viele Gedanken, und von den Anfängen bis heute war es ein langer Weg.

Das Zauberwort in diesem Zusammenhang heißt: ausreichende Personaldecke. Darunter verstehe ich die Anwesenheit von genügend Personen im Klassenraum, damit ein Unterricht optimal durchzuführen ist. Optimal wäre beispielsweise zumindest eine permanente Doppelbesetzung, noch besser zeitweise drei Personen im Klassenraum. Dies wird von der Politik als nicht finanzierbar bezeichnet. Über die Gründe darüber kann an anderer Stelle spekuliert werden; man könnte sich dabei auch fragen, ob eine solche Maßnahme nicht eine sehr kluge Zukunftsinvestition wäre im Hinblick auf Prävention von fehlenden Schulabschlüssen etc. Im Rahmen meiner Tätigkeit habe ich auch Klassen gesehen, in denen zeitweise bis zu sieben(!) Personen im Raum waren. Lehrerinnen, Sozialpädagogen, Assistenzen, Sonderschulkollegen … Es liegt auf der Hand, dass eine solche Vielzahl eher für Unruhe sorgt als für Optimierung, und auch ein Planen in einem so großen Team dürfte nicht immer einfach sein.

Darüber hinaus aber wären Sozialarbeiter und -arbeiterinnen ebenso notwendig wie Sonderschullehrer, die sowohl Gruppen betreuen als auch integrativ mitarbeiten könnten. Viele berechtigte Ansprüche der Grundschulen, auf die ich mich beziehe, wurden und werden von den Ministerien als zu teuer zurückgewiesen.

Mittlerweile liegt eine neue Studie der Bertelsmann Stiftung vor. Demnach werden in den kommenden zehn Jahren 9300 zusätzliche Lehrkräfte gebraucht, wenn jeder Förderschüler mit den Schwerpunkten Lernen, soziale/emotionale Entwicklung und Sprache sowie die Hälfte der übrigen Förderschüler an Regelschulen unterrichtet werden sollen. Das bedeutet, verglichen mit dem Schuljahr 2009/10, Kosten von jährlich etwas 660 Millionen Euro, die ab 2020/21 anfallen. Eine ungeheure Summe. Jedoch: »Inklusion ist notwendig und bezahlbar. Aber sie wird dort scheitern, wo Länder sie als Sparmodell betrachten«, sagte Dräger. (vgl. Dräger, Jörg. München 2011)

Er betont, und darin stimme ich ihm voll zu, dass die an den bisherigen Förderschulen frei werdenden Stellen bei Weitem nicht ausreichend sind, um Inklusion an den Schulen zu ermöglichen. Darüber hinaus kommen auch nicht alle frei gewordenen Förderlehrer in den Grundschulen an, sondern verschwinden in irgendeinem pädagogischen Bermudadreieck. Die Grundlage für eine gelingende Inklusion ist jedoch unbedingt eine ausreichende Personaldecke an den Schulen, mit Lehrern, Sonderpädagogen, Psychologen und Therapeuten.

Die Kosten stellen sich dabei für die einzelnen Bundesländer unterschiedlich dar. Aufgrund der demografischen Entwicklung wird davon ausgegangen, dass die Stadtstaaten und Bundesländer wie Brandenburg, Mecklenburg-Vorpommern und

Sachsen in den nächsten Jahren höhere Schülerzahlen haben werden. Also müssen dort auch größere Anstrengungen zur Absicherung von genügend Personal unternommen werden. Wunschdenken. Die Realität sieht anders aus.

# HINTERGRÜNDE

Über die Hintergründe dafür kann lange nachgedacht werden. Einer ist sicher in der unterschiedlichen Dauer der Grundschulzeit in den Grundschulen der verschiedenen Bundesländer zu suchen.

In den meisten Bundesländern hat man sich z. B. auf vier Jahre Grundschule geeinigt, in Berlin und Brandenburg dauert die Grundschule sechs Jahre. Die Verfechter der vierjährigen Grundschule führen ins Feld, dass Kinder, die nach Klasse 4 auf ein Gymnasium wechseln, deutlich bessere Leistungen in Lesen und Mathematik erbringen, und dass es für begabte Kinder zu einer Unterforderung kommt, wenn sie nach den ersten vier Jahren weiter auf Grundschulniveau unterrichtet werden. Die Befürworter der sechsjährigen Grundschule befürchten eine Überforderung der Kinder, wenn sie im Alter von zehn Jahren von ihren langjährigen Klassenkameraden getrennt werden. Außerdem können langsamer lernende Kinder in den zwei zusätzlichen Jahren noch weitere Kompetenzen erwerben.

Einen Königsweg schien eine Zeit lang die *Orientierungsstufe* zu bieten, in denen die Schüler in neuer Zusammensetzung in den Klassenstufen 5 und 6 unterrichtet wurden. Erst danach wurden sie auf die Schultypen des dreigliedrigen Schulsystems aufgeteilt: Hauptschule – Realschule – Gymnasium. Befürworter versprachen sich davon mehr Chancengleichheit für jedes Kind. Aber auch die Orientierungsstufe wurde wieder abgeschafft, nachdem sich herausgestellt hatte, dass Hauptschule und Realschule danach nur sehr wenig angewählt wurden.

So kam es zur Zerschlagung des dreigliedrigen Schulsystems. Es folgte nach der Grundschule die Sekundarschule, wobei dieser Begriff je nach Bundesland mit unterschiedlichen Inhalten gefüllt wurde. In Bremen entsprach sie einer integrierten Haupt- und Realschule und wurde ab Klasse 7 besucht, wenn nicht das Gymnasium angewählt wurde. Bereits zum Schuljahr 2011/12 sollten sich in Bremen alle Schulzentren etc. zu Oberschulen umwandeln. Die Oberschulen umfassen die Klassen 5 bis 13. Auch an den Oberschulen kann das Abitur abgelegt werden, allerdings nach 13 Jahren im Gegensatz zu zwölf Jahren auf dem Gymnasium. Das bedeutet, dass an jeder Schulstufe eine unterschiedliche Anzahl von Lehrkräften und damit auch von Förderlehrern benötigt wird, denn an der Inklusion nehmen sämtliche Schulformen teil, auch die Gymnasien. An ihnen wird zwar meist ein kleiner Teil behinderter Kinder beschult, aber auch sie benötigen natürlich zusätzliche Lehrerstunden, um die Inklusion bewältigen zu können. In Bremen hat jetzt gerade (April 2018, d. Verf.) ein Gymnasium dagegen geklagt, dass es behinderte Schüler aufnehmen muss. Ein Urteil steht noch aus. Dazu kann man natürlich sehr kontrovers stehen.

Auf der einen Seite kann man sagen, ein Gymnasium kann nicht einfach den Beschluss der UN-Konvention aus den Angeln heben, nach der alle Menschen das gleiche Recht auf gesellschaftliche Teilhabe besitzen.

Auf der anderen Seite steht der Gymnasial-Lehrplan, der zwingend vorsieht, dass das Ziel des Gymnasialbesuchs das Abitur sei und dass bis dahin zwei Fremdsprachen gelernt werden müssen. Dass dies Kindern mit Behinderungen im geistigen oder im W- und E-Bereich nicht möglich ist, liegt auf der Hand. Von daher bin ich gespannt auf das zu erwartende Gerichtsurteil. Sollte pro Inklusion entschieden werden, würden an der Schule fünf Plätze für »echte« Gymnasiasten wegfallen zugunsten von Inklusionskindern. Ich könnte mir vorstellen, dass das sicherlich Eltern auf den Plan rufen wird, deren Kinder dann keinen Platz an diesem bestimmten Lernort bekommen haben und weitere Wege in Kauf nehmen müssen …

Sollte also auch dieses Gymnasium Inklusion anbieten, wären auch hier mehr Lehrkräfte und Erzieher erforderlich, mithin personelle Ressourcen, die das Land nicht besitzt.

# EXKURS:
# DIE HISTORISCHEN HINTERGRÜNDE

Neu ist dieses Problem allerdings nicht. Es gibt im Lehrerberuf ein ständiges Hin und Her zwischen viel zu vielen und viel zu wenigen Lehrern. Bereits 1963 sagte die Kultusministerkonferenz einen Bedarf von 300.000 Lehrern bis 1970 voraus. Es wurde sogar von »Bildungsnotstand« gesprochen. (vgl. Picht 1964) In der Konsequenz wurden vermehrt Lehrer ausgebildet. Da die Lehrerausbildung jedoch damals noch je nach Schulstufe zwischen drei und fünf Jahren dauerte, fanden die fertigen Absolventen eine veränderte Schullandschaft vor, in der sie plötzlich nicht mehr gebraucht wurden. Ende der 70er-Jahre machte sogar das Wort vom »akademischen Taxifahrer« die Runde. Ich kann bis heute nicht nachvollziehen, warum niemand in der

Lage zu sein scheint, tragfähige Zahlen zu den tatsächlichen Bedarfen zu machen.

Die Entwicklung der Inklusion hat seit ihren Anfängen einen langen Weg zurückgelegt – am Ziel ist sie noch nicht. Im Konzept der Inklusion existiert das Schubladendenken nicht länger: Keiner ist genial, hochbegabt, behindert etc. Alle sind verschieden, und diese Verschiedenheit ist die normale Realität, mit der es umzugehen gilt.

Das war früher anders: Bis hin zum 19. Jahrhundert wurden Kinder mit Behinderungen aus vielen Lebensbereichen ausgeschlossen. Sie durften nicht zur Schule gehen, galten auch als nicht bildbar. Dieser Ausschluss – also *Exklusion* – war das Normale.

Erst Mitte des 19. Jahrhunderts entstanden Hilfsschulen für Kinder mit Lernproblemen. Eine echte Förderung war aber natürlich bei Klassenfrequenzen von 100 und mehr Kindern nicht möglich. Erst im Jahr 1880 wurde in Deutschland die erste Sonderschule für lernbehinderte Kinder eingerichtet, wobei besonders ausgebildete Lehrkräfte in kleineren Klassen einen eher handlungsorientierten Unterricht anbieten sollten. Das Angebot war aber nicht annähernd ausreichend.

Während der Weimarer Republik (1918–1933) herrschte unter den Pädagogen durch die Einführung einer gemeinsamen Grundschule eine gewisse Aufbruchsstimmung. In dieser Zeit wurde auch die Schulpflicht für körper- und sinnesbehinderte Kinder festgeschrieben. Von diesen Reformen profitierte vor allem die im Kaiserreich eingeführte »Hilfsschule«. (vgl. Ellger-Rüttgardt 2008, S. 202) Dennoch stand die damals sogenannte »Heilpädagogik« ständig unter dem Druck, ihren volkswirtschaftlichen Nutzen zu betonen, um sich gegen rassenbiologische Theorien zur Wehr zu setzen, die zum Beispiel durch das Buch *Die Freigabe der Vernichtung lebensunwerten Lebens* (Alfred Hoche/Karl Binding) bekannt gemacht wurden.

Im Rahmen der Inflation und der Weltwirtschaftskrise wurden mehrere Bereiche der Hilfsschulen eingeschränkt oder geschlossen, so zum Beispiel die Blinden- und Taubstummenanstalten. Die sogenannte »Krüppelfürsorge« konnte zwar etwas verbessert werden, aber letzten Endes lief alles auf eine Segregation der Schüler und Schülerinnen hinaus, die extern in bestimmten Anstalten beschult wurden. (vgl. Hoche, Alfred /Binding,Karl. Leipzig 1920)

Nachdem die Nationalsozialisten die Macht übernommen hatten, realisierten sie nach und nach ihre Ideen von Erziehung, die für Kinder mit abweichendem Verhalten keinen Spielraum mehr boten. Da sie durch die verschiedenen Institutionen wie Hitlerjugend, Sicherheitsdienst, Hilfsschulen, um nur einige zu nennen, die totale Kontrolle über alle Kinder hatten, fiel es ihnen nicht schwer, bei Auffälligkeiten einzuschreiten.

Heilpädagogisch betreute Kinder waren dabei durch den Nationalsozialismus und dessen Rassenvorstellungen in hohem Maße gefährdet. Körperlich und geistig behinderte Menschen wurden verfolgt, sie wurden Opfer von Zwangssterilisationen oder fielen der Vernichtung anheim, zum Beispiel durch die Aktion T4 und der Kinder-Euthanasie. Kinder mit Verhaltensauffälligkeiten galten als »asozial« und wurden inhaftiert und in Konzentrationslager eingewiesen.

Der Begriff *Heilpädagogik* wurde im Nationalsozialismus zugunsten des Begriffs *Sonderpädagogik* praktisch abgeschafft. Führende Sonderpädagogen wie z.B. Tornow vertraten die Auffassung, dass der Begriff *Heil* im Dritten Reich sehr anders besetzt war und nichts zu tun hatte mit behinderten Kindern. (zitiert nach Hänsel, Dagmar 2006, S. 103)

1933 begannen erste Bestrebungen, die als »schwachsinnig« oder »idiotisch« genannten Schüler auszuschulen. Da sich die Richtlinien dafür aber nicht als ganz klar darstellten, wurden die

Kinder in Gruppen von Erzieherinnen betreut.( Höck, M. 1979, S. 172f.)

Im Jahr 1938 erschien die »Allgemeine Anordnung über die Hilfsschulen in Preußen«. Diese legte u.a. fest, dass alle Schüler, welche die ersten drei Volksschuljahre nicht innerhalb eines definierten Zeitraums abschließen konnten, in eine Hilfsschule überwiesen werden mussten. Damit erfolgten ein Ausbau des Hilfsschulangebots und eine komplette Segregation der behinderten von den nicht-behinderten Schülern.

1939 kam ein Erlass hinzu, der die »Meldepflicht für missgestaltete und idiotische Kinder« regelte und damit die Grundlage für die Kindereuthanasie schuf, der mehr als 5000 körperlich und geistig behinderte Kinder zum Opfer fielen. (Stadler, Hans 2000, S. 96)

Nach dem Zweiten Weltkrieg wurden zunächst alle Schulen in den vier Besatzungszonen sofort geschlossen. Es wurde eine strenge Entnazifizierung bei den Lehrern durchgeführt, die eingeteilt wurden nach ihrer politischen Vergangenheit: Parteifunktionäre (schwarz), Verdächtige (grau) und Unbedenkliche (weiß). Die »schwarzen« Lehrer wurden endgültig entlassen. Ausschließlich die »weißen« Lehrer sollten unterrichten dürfen, was in der Folge zu gravierendem Lehrermangel führte. Darum wurden »graue« Lehrer zum Teil wieder eingestellt.

Später wurde diese Maßnahme durch Unbedenklichkeitsbescheinigungen, die sogenannten Persilscheine, indirekt aufgeweicht. Dennoch waren die Schulen der Nachkriegszeit zunächst vor allem durch Lehrermangel und durch Raummangel gekennzeichnet, lagen doch viele Gebäude noch in Trümmern.

Zu dieser Zeit ging es vor allem um eine grundsätzliche unterrichtliche Versorgung von Kindern. Da es nach dem Zweiten Weltkrieg kaum Sonderschulen gab, mussten Kinder mit einer Behinderung zwangsläufig an den Schulen aufgenommen werden. Das zu dieser Zeit herrschende Schulsystem mit stringentem Frontalunterricht machte es den Lehrkräften nahezu unmöglich, den speziellen Bedürfnissen dieser besonderen Kinder nachzukommen. Sie empfanden diese zunehmend als Störfaktoren, und so begann folgerichtig eine Zeit der Separation, zum Teil mit dem offiziellen Titel eines »Schutzraumes«, in Abgrenzung zu den an diesen Kindern verübten Gräueltaten der Nazis. Es zeigte sich im Laufe der Zeit jedoch, dass nur 75% der Förderschüler, die getrennt unterrichtet wurden, einen Hauptschulabschluss erreichten.

»Der vermeintliche Schutzraum hat sich für viele als Isolationsfalle entpuppt«, sagte Dräger dazu in diesem Zusammenhang. (vgl. Dräger, Jörg, a.a.O)

Ab 1960 begann der Ausbau der speziellen Sonderschulen, und Kinder mit Behinderungen oder Förderbedarf wurden separat unterrichtet. (vgl. dazu von Carnap und Edding 1962) Nach Ansicht der beteiligten Lehrer funktionierte das im Prinzip recht störungsfrei. Dennoch stellte sich im Laufe der Zeit heraus, dass diese zunächst räumliche Trennung auch eine inhaltliche wurde. Die Unterschiede zwischen den Schülergruppen mit und ohne Einschränkung nahmen zu. Daraus folgte der nächste Schritt, nämlich die *Integration*: Stundenweise wurden die Schüler mit Behinderung in die »Normalklassen« aufgenommen, z.B. beim Zeichen- oder Sportunterricht. Eine »richtige« Inklusion fand jedoch nicht statt. Es nahmen auch nicht alle Kinder mit Förderbedarf daran teil, denn für die Kinder mit geistiger Behinderung besteht eine Schulpflicht erst seit 1978.

Bis in die 1980er-Jahre gab es ganz Deutschland nur 19 Schulen mit inklusiven Angeboten. Das änderte sich nach 1994. In diesem Jahr fand in Salamanca eine UNESCO-Konferenz mit dem Thema »Pädagogik für besondere Bedürfnisse: Zugang und Qualität« statt. Auf dieser Konferenz wurde die

Inklusion als wichtigstes Ziel der internationalen Bildungs-
politik benannt. Deutschland unterschrieb aber erst im Jahr
2006 die UN-Konvention über die Rechte von Menschen mit
Behinderungen.

Im Wortlaut sagt Artikel 24 der Konvention: »Die Vertragsstaaten anerkennen das Recht von Menschen mit Behinderungen
auf Bildung. Um dieses Recht ohne Diskriminierung und auf der
Grundlage der Chancengleichheit zu verwirklichen, gewährleisten die Vertragsstaaten ein inklusives Bildungssystem auf allen
Ebenen …« Das bedeutet, dass alle Kinder gemeinsam an den
Schulen unterrichtet werden.

In der Praxis gilt das vor allem in den Grundschulen. Prof.
Dr. phil. Klaus Klemm von der Bertelsmann Stiftung kommt zu
dem Ergebnis: »Nach der Grundschule ist Inklusion oft noch ein
Fremdwort«. (vgl. (Klemm, Klaus, 2014a)

Während der Inklusionsanteil in deutschen Kitas 67 %
(2008/09: 61,5 %) und in den Grundschulen 46,9 % (2008/09:
33,6 %) beträgt, fällt er in der Sekundarstufe auf 29,9 % (2008/09:
14,9 %). (vgl. ders. Gütersloh 2015)

# RECHTLICHE LAGE

Inklusion ist ein Menschenrecht, das in der UN-Behindertenrechtskonvention festgeschrieben ist. Das Recht auf inklusive
Bildung wurde in der Salamanca-Erklärung der UNESCO 1994
verankert. Dabei wurde zum ersten Male gefordert, Bildungs-
systeme inklusiv zu gestalten, damit alle Kinder mit ihren individuellen Bedürfnissen gemeinsam beschult werden können.

Deutschland hat diese Vereinbarung 2009 unterzeichnet – mit der Umsetzung von Inklusion stehen wir aber noch am Anfang eines langen Prozesses.

Das Recht auf Inklusion kann als Menschenrecht verstanden werden. Es fußt auf der Idee der allgemeinen Menschenwürde und ist damit im Kern schon in Artikel 1 unseres Grundgesetzes enthalten. Die Exklusion von Menschen aus bestimmten Bereichen, weil sie als »nicht normal« gelten, ist demnach widerrechtlich. Ich beziehe mich hier natürlich auf die Schule: Ein Kind mit einer Behinderung bzw. Einschränkung gleich welcher Art hat das Recht darauf, beschult zu werden, und es hat das Recht darauf, nicht als »besonders« (also unnormal) in einer »Sonderschule« unterrichtet zu werden. Dieses »Aussortieren« von Kindern kommt einer massiven institutionellen Diskriminierung gleich und widerspricht dem Grundsatz der allgemeinen Gleichheit. Der Abbau von Barrieren – sowohl den physisch vorhandenen wie auch den in den Köpfen – ist daher eine Maßnahme gegen Diskriminierung und für soziale Teilhabe aller Menschen, gleich, welche Besonderheiten sie mitbringen.

Dieser Zusammenhang, den ich eben beschrieben habe, ist übrigens für Menschen mit Lern- und Leseschwächen auch in Leichter Sprache im Internet verfügbar – ein klassisches Beispiel für den Abbau von Barrieren im Alltag.

Die UN-Behindertenrechtskonvention trägt dieser Tatsache Rechnung, indem dort festgehalten wird, dass es nicht mehr darum geht, einen negativen, defizitorientierten Blick auf Einschränkungen zu haben (»Der/die kann dies oder jenes nicht«), sondern es wird als gesamtgesellschaftliche Aufgabe definiert, Wege zu finden, dafür zu sorgen, dass der/die dies oder jenes eben doch (oder zumindest so gut es geht) kann – ganz gleich, ob es dabei um Treppenlifte für Rollstuhlfahrer oder Nachrichten in Leichter Sprache für Lern-/Leseschwache geht. Das schließt selbstverständlich ein, dass auch die Lehrpersonen entsprechend geschult und ausgebildet werden müssen, da Kinder mit Behinderungen ein Recht darauf haben, professionell beschult zu werden.

Letztlich ist die Inklusion von Behinderten aber lediglich ein Teil der Inklusion. Die wachsende Heterogenität unserer Gesellschaft macht die Umsetzung von Inklusion insbesondere im Arbeitsgebiet Schule zu einer noch größeren Herausforderung. Ich habe nicht mehr – wie zu Zeiten, als der ideologische Grundgedanke noch »Integration« hieß – einen kleinen Prozentsatz von Kindern mit besonderen Bedürfnissen in meiner Klasse, die außerdem zuweilen auch nur wenige Stunden am Tag am Unterricht teilnahmen. Jetzt habe ich 25 Kinder, die allesamt – manche mehr, manche weniger – ihre eigenen Bedürfnisse mitbringen, und ich kann als Lehrkraft nicht mehr so tun, als hätte ich eine homogene Mehrheit und müsste nur den drei oder vier »I-Kindern« besondere Aufmerksamkeit zukommen lassen. Es ist meine gesetzlich festgelegte Aufgabe, alle Kinder individuell entsprechend ihren Bedürfnissen zu fordern und zu fördern, ganz gleich, ob sie einen Migrationshintergrund, eine Behinderung, eine Verhaltensstörung oder ein Trauma haben.

## ZUR SITUATION IN DEUTSCHLAND

Wie sieht Inklusion in den anderen Bundesländern aus? In »Welt Digital« vom 19.05.2017 stellt Moritz Seyffarth in einem Diagramm die Inklusionsanteile nach Bundesländern dar, jeweils gemessen an der Gesamtzahl der Kinder mit Förderbedarf im jeweiligen Bundesland. Danach ist Bremen mit 77,1 % Spitzenreiter, gefolgt von Schleswig-Holstein mit 63,4 und Hamburg mit 59,6 %. Brandenburg und das Saarland verzeichnen Anteile von ca. 45 %. Innerhalb des Bereichs zwischen 30 % und 40 % liegen Mecklenburg-Vorpommern, Nordrhein-Westfalen, Thüringen, Niedersachsen, Sachsen-Anhalt und Sachsen. Die Schlusslichter stellen Rheinland-Pfalz (29,1 %), Baden-Württemberg (29,1 %), Bayern (26,8 %) und Hessen (23,1 %) dar. Auch Seyffarth kommt in seinem Artikel zu der Erkenntnis, dass die Wissenschaft zwar Konsens darüber hat, dass Inklusion die Schüler fördert, sowohl beim Lernen als auch durch höhere Sozialkompetenz. »Nur gehören dazu auch passende Konzepte mit ausreichendem Personal. Und die gibt es offenbar bisher nicht.«

In Bayern gibt es laut Bayerischem Staatsministerium für Bildung und Kultus, Wissenschaft und Kunst eine bedeutende Zahl von Schülern mit sonderpädagogischem Förderbedarf. Das Zentrum der sonderpädagogischen Fachlichkeit ist die Förderschule. (vgl. Bayerisches Staatsministerium) Ab dem Schuljahr 2014/15 können Förderschulen auch das Profil »Inklusion« erwerben. In einer Grundschule mit dem Profil »Inklusion« wird der Unterricht dann gemeinsam von Lehrkräften der allgemeinen Schule und denen der Förderschule gestaltet.

Für mich ist sehr aufschlussreich, einmal das Ranking von Leseleistungen der Bundesländer im Jahr 2017 mit dem der Prozentanteile von realisierter Inklusion zu vergleichen. Bayern liegt bei den Leseleistungen auf dem ersten Platz, bei der Inklusion auf dem vorletzten. In Bremen ist es genau umgekehrt. Wie soll man bei solchen Befunden den Eltern erklären, dass *alle* Kinder gleich gefördert werden?

In der Konsequenz bedeutet dies, dass in den Bundesländern vor allem zunächst einmal einheitliche Konzepte für die Inklusion entwickelt werden müssen. Dies gilt ebenso für die Diagnostik und damit für die Vergleichbarkeit der Förderquoten. In der Konsequenz ist die Voraussetzung für eine gelingende Inklusion die Einrichtung multiprofessioneller Teams in den Grundschulen. Das setzt gemeinsame Fortbildungen, gemeinsame Teamzeiten und letztlich auch eine stimmige Chemie zwischen den einzelnen daran beteiligten Menschen voraus. Mir ist durchaus bewusst, dass der »Chemie«-Gedanke nicht unumstritten ist. Die Arbeit mit Kindern, vor allem im Grundschulalter, hat aber auch einen sehr emotionalen Anteil, und da ist es durchaus von Vorteil, wenn die beteiligten Fachkräfte im Grundsatz gleiche Vorstellungen haben. Ich erinnere mich gut an die Probleme, die es um einen sehr auffälligen Schüler gab. Während ich der Meinung war, dass man immer mit dem Kind im Gespräch bleiben sollte, war die beteiligte Sonderschulkollegin der Meinung, irgendwann sei auch mal Schluss und man müsse das Kind verkürzt beschulen. Für mich hätte das bedeutet, dass man das Kind in die Situation zurückschickt, die es zu dem gemacht hat, was es ist. Das Problem konnte zwischen uns nicht sachlich geklärt werden.

Hier stimmte die Chemie zwischen uns beiden nicht, denn sonst wäre es möglich gewesen, dieses Problem sachlich zu diskutieren, ohne eigene Verletzlichkeiten einzubeziehen. Und dass es diese auch bei Lehrern gibt, ist unbestritten.

# ZUR SITUATION IN BREMEN

Im Jahr 2009 ist das neue Schulgesetz in Kraft getreten, und seitdem haben sich Bremer Schulen »auf den Weg« gemacht, um eine inklusive Beschulung umzusetzen.

Voraussetzung dafür war, »die Bremer Schulentwicklung als Ganzes zu betrachten …, dass die Schulen sich einer Reform zur Oberschulentwicklung, der Entwicklung zu Ganztagsschulen, der Neuausrichtung der Grundschulen und der Gymnasien stellen« (Senatorin f. Kinder und Bildung o.J.)

Es ist fraglich, ob eine Umstrukturierung in einer solchen Dimension auch nur den Hauch einer Chance hat. In Bremen zumindest stellt sich die Situation so dar, dass inzwischen von 81 Grundschulen 26 umgewandelt sind in Gebundene Ganztagsschulen und 17 in offene. (Schulliste EU, Land Bremen) Der Rest ist bei dem Konzept der Verlässlichen Grundschule, d. h. Unterricht von 8.00 bis 13.00 Uhr, geblieben.

Es ist im Übrigen auch so, dass sich die Ganztagsschule sowohl bei den Eltern als auch bei vielen Lehrkräften nicht unbedingt großer Beliebtheit erfreut. Es gibt zunehmend mehr Eltern, die Wert darauf legen, ihre Kinder mittags zu Hause zu haben und den Nachmittag mit ihnen zu verbringen, andere, berufstätige Eltern sind mit der Arbeit der Horte meist sehr zufrieden und wünschen gar nichts anderes. Und wenn wir ehrlich sind, ist ein Hort eben doch etwas ganz anderes als eine Ganztagsschule und kann nicht durch sie ersetzt werden. Der Hort stellt eine Art zweites Zuhause dar. Es gibt viele Freizeitangebote, und die Erzieherinnen und Erzieher sind Vertrauenspersonen, denen man auch mal etwas anvertraut und die ein Kind auch mal in den Arm nehmen. Kann, darf das ein Lehrer? Sind Lehrer solche Vertrauenspersonen, dass Kinder sich ihnen uneingeschränkt anvertrauen? Ich meine, dass dies überwiegend nicht der Fall ist.

Die Lehrkräfte stehen auch vor dem Problem, dass die Ausstattung der Grundschulen im Hinblick auf den Ganztag in Bremen mangelhaft ist. Darüber hinaus ändern sich ihre Arbeitszeiten nicht unerheblich. Ich weiß natürlich, dass viele Menschen denken, so ein Lehrer hat's gut, »morgens recht und nachmittags frei«. Und die vielen Ferien!

In einem haben sie recht: Eine Lehrkraft kann sich die Zeit nach dem Unterricht aussuchen, in der sie arbeiten will. Wenn kleine Kinder da sind, kommt sie eventuell erst in den Abendstunden zu ihren Vorbereitungen. ABER – gemacht werden müssen sie, und insofern ist die Kritik von Nichtlehrern auch nicht immer gerecht.

# DIE SITUATION IN MEINER SCHULE

Ich arbeite an einer dreizügigen Grundschule in einem sozialen Brennpunktgebiet. Für unsere 13 Klassenverbände stehen zwei Sonderschullehrerstellen zur Verfügung. Diese müssen die gesamte Bandbreite abdecken, die bei uns zur Zeit vorhanden ist: Autismus, Verhaltensauffälligkeiten, Sprachstörungen, Sehstörungen, körperliche Beeinträchtigungen, soweit diese im Rahmen einer Grundschule beschulbar sind. Kinder mit massiver körperlicher Beeinträchtigung haben die Möglichkeit zum Besuch einer speziell dafür ausgerichteten Förderschule. Dazu kommen ab und zu auch Kinder mit einer eindeutigen Hochbegabung, denen man auch irgendwie gerecht werden muss und möchte.

Es leuchtet ein, dass zwei Sonderschullehrerstellen (= 54 Unterrichtsstunden) viel zu wenig Förderstunden sind. Aber an »höherer Stelle« weiß man dafür eine Lösung: Damit ein Kind als förderbedürftig anerkannt und damit auch gerechnet wird, werden einfach die Bedingungen verschärft. So gibt es dann weniger Sonderschüler, die Statistik stimmt wieder, und wie den Kindern im Alltag geholfen werden kann, liegt nicht mehr in der Verantwortung der Behörde.

In den Klassen 1 und 2 bemühen wir uns um eine möglichst hohe Doppelbesetzung. Bei mir sieht das im 1. Schuljahr konkret so aus, dass ich an drei Tagen pro Woche eine Kollegin für jeweils zwei Stunden mit im Unterricht hatte, *wenn* sie nicht vertreten musste. Logisch, dass an einer solchen Schule der Krankenstand relativ hoch ist. Die Arbeit ist ungleich anstrengender und streckt schon mal den einen oder anderen nieder. Doppelbesetzung also nur, wenn alle gesund sind. Aber, wenn ich ehrlich bin: Sechs Stunden sind besser als nichts, sie sind aber auch nicht viel mehr als nichts, wenn man die reale Situation betrachtet.

Ich habe in vielen Jahren als Grundschullehrerin mit sehr viel unterschiedlichen Kindern zu tun gehabt. Da gibt es zum einen die Regelschulkinder – von ihnen wird in diesem Buch nicht sehr viel die Rede sein. Dass ich fiktive Namen verwende und aus datenschutzrechtlichen Rücksichten viele Situationen verfremde, ist selbstverständlich. Zugetragen haben sich aber alle berichteten Ereignisse – so oder so.

Da sind zum einen die behinderten Kinder in den unterschiedlichsten Bereichen. Es gibt stark traumatisierte Flüchtlingskinder. In einer Klasse bekam ich ein Kind mit einem selektiven Mutismus. Aus Kamerun kam ein Kind mit einer genetisch bedingten Erkrankung. Manche Kinder haben extrem überalterte Eltern. Ich hatte viele Kinder mit mindestens einem psychisch erkrankten Elternteil. Manche Kinder kommen durch den Alkoholismus ihrer Mutter bedingt krank in die Schule. Viele Kinder leben zumindest zeitweise in Pflegefamilien. Es gibt Kinder, deren Eltern aus bestimmten Gründen in anderen Schulen Hausverbot haben. Autistische Kinder kommen zunehmend häufig in Regelschulklassen, und an ADHS (Aufmerksamkeitsdefizit-/Hyperaktivitätsstörung) leiden mittlerweile recht viele Kinder. Es gibt Eltern, die ihre Kinder misshandeln, es gibt Missbrauchsfälle. Es gibt Kinder, die von ihren Eltern abgelehnt werden.

Und es gibt die hochbegabten Kinder, die man leider bei dem Wort *Inklusion* allzu häufig vergisst. Auch ihnen muss ein Lehrer, eine Lehrerin gerecht werden, auch sie haben einen Anspruch auf Förderung, die sie fordert und nicht langweilt.

# 2. KAPITEL

# PROBLEM-FELD 1

## KINDER

Wann immer ich etwas über diese Thematik lese, fällt mir immer wieder auf, wie weit entfernt dies vom tatsächlichen Unterricht in einer Grundschule ist. Es sind nicht die körperbehinderten oder lernbehinderten Kinder, die das Unterrichten erschweren. Jeder Lehrer, jede Lehrerin weiß heute, dass Differenzierung das A und O im Unterricht ist. Nein, es sind die sogenannten »unangepassten« Kinder, die eine ständige Herausforderung und, um es klar zu formulieren, auch eine Belastung sind für Lehrer und Schüler.

Versuche, mit diesen »W- und E-Kindern«, also Kindern mit Störungen in den Bereichen *Wahrnehmung* und *Entwicklung,* umzugehen, gibt es viele. Es gibt zum Beispiel persönliche Assistenzen, die sich ausschließlich um ein solches Kind kümmern, es gibt auch verkürzten Unterricht. Das Einzige, was es nicht oder nur selten gibt, sind Kleingruppen für diese Kinder. Diese würden ja dem Inklusionsgedanken widersprechen.

Ich habe oft den Eindruck, dass es in der Pädagogik immer mal wieder Innovationen gibt, die dann alles andere, bisher Gelebte als vollkommen überholt oder zum Teil sogar als verkehrt ansehen. Die Inklusion ist so ein Fall. Wenn wir inkludieren, dann auch alle und alles, ohne Rücksicht auf individuelle Gegebenheiten. So kann das aber nicht gelingen.

Ebenso wie die Kinder unterschiedlich sind, muss auch die Umgebung an sie angepasst werden. Und wenn Kinder dabei sind, die die Reizüberflutung eines normalen Klassenzimmers an einem ebenso normalen Schultag nicht aushalten, dann muss man eben andere Räume für sie schaffen. Auch das ist – für mich – Inklusion.

Häufig stellen gerade solche Kleingruppen mit maximal vier Kindern für viele der verhaltensauffälligen Kinder die einzige akzeptable Lösung dar: Zum einen können die anderen Kinder ungestörter arbeiten, zum anderen aber, und das halte ich für viel wesentlicher, entfällt das enorme Reizpotenzial einer durchschnittlichen Klasse. Für manche dieser Kinder stellt auch eine ruhige Klassengemeinschaft schlicht durch die Dauer ihres Aufenthalts in diesem Raum eine Folter dar, auf der sie nur in der ihnen bekannten Weise reagieren können. Um diesen Kreislauf zu durchbrechen, müsste umgedacht werden. Es müssen Rückzugsräume geschaffen werden, die gleichzeitig mit klaren Strukturen für eine Durchschaubarkeit und Angstreduzierung sorgen. Dazu gehören unbedingt verlässliche kontinuierlich anwesende Bezugspersonen. Außerdem muss von Fall zu Fall diskutiert werden, ob die zur Zeit so bejubelte Einrichtung der Ganztagsschule für das jeweilige Kind zumutbar ist oder ob andere Formen besser sind, ob nicht auch hier individuelle Lösungen denkbar wären.

Ich las erst kürzlich in unserer Tageszeitung einen Artikel von Ulla Uden (*WK* vom 26.03.18), in dem das schulische Schicksal eines Kindes mit ADHS geschildert wird, das nach vielen und langanhaltenden Problemen in der Regelschule nun seit einem Dreivierteljahr eine Förderschule besucht und dort deutlich besser zurechtkommt. Es gibt nur sechs Kinder in der Klasse, kürzere Stunden, häufigere Pausen und deutlich mehr Bewegungsangebote. Seine Mutter findet es wichtig, dass die Förderschulen erhalten bleiben. Sie ist sicher nicht die Ausnahme. Ich habe immer wieder mal Unterhaltungen mit Eltern von Förderkindern, die es sehr bedauern, dass ihr Kind auf eine »normale« (sprich Regel-) Schule gehen muss. Diese Eltern hätten es als Entlastung empfunden, wenn ihr Kind in einer kleineren Gruppe hätte lernen dürfen und mit dem Gefühl nach Hause gekommen wäre, »Gleicher unter Gleichen« zu sein. Dieses Gefühl vermitteln die Inklusionsklassen noch nicht immer. Es gibt immer Kinder, die in irgendeiner Weise »besonders« sind und leicht zu Außenseitern gemacht werden.

Was sind besondere Kinder?

Eigentlich ist ja jedes Kind »besonders«, in seiner eigenen Individualität, mit seinen Wünschen, Bedürfnissen und Ängsten. Im vorliegenden Falle meine ich jedoch damit diejenigen Kinder, die aus dem Raster der sogenannten Normalität herausfallen – Kinder mit speziellen Schwächen und Stärken und Verhaltensweisen. Sie gehen heute ja alle gemeinsam in eine Klasse, und ihnen gerecht zu werden, stellt eine große Herausforderung für die Lehrkraft dar. Gleichzeitig ist dies auch eine Quelle eigener Unzufriedenheit vieler Lehrer, weil sie eben merken, dass sie dieses Ziel nicht immer so erreichen, wie sie es möchten. Das beginnt schon bei den Leistungsunterschieden.

Man findet in allen Grundschulklassen Kinder, die vom Lernen her mindestens ein Jahr, manchmal mehr auseinander sind. Um diesen Unterschieden angemessen begegnen zu können, muss eine Lehrkraft über eine hohe Diagnosekompetenz verfügen, um Aufgaben für Pläne zu erstellen, die das individuelle Kind fordern, aber nicht überfordern. Es liegt auf der Hand, dass dies bei einer Klassenfrequenz von 22 Kindern schon eine echte Herausforderung darstellt. Ebenso wird deutlich, dass der alte Frontalunterricht ausgedient hat – in einer Gesellschaft, die Kinder in Klassen zusammenbringt, deren einzige Gemeinsamkeit häufig eine gewisse Altershomogenität darstellt, ist dieser nicht mehr durchführbar, war er im Grunde auch früher nicht. Dass er tatsächlich so lange Zeit funktioniert hat, liegt an den völlig anderen Strukturen, was Erziehung und Gesellschaft und deren Werte und Normen betrifft.

Bis vor wenigen Jahren gab es Sonder- oder Förderschulen für Kinder mit speziellen Defiziten: Es gab Schulen für lernbehinderte, körperbehinderte oder auch verhaltensauffällige Kinder. In den letzten Jahren war es das Ziel, mehr und mehr Kinder mit Defiziten in den »normalen« Unterricht zu integrieren. Die Förderschulen wurden z.B. im Land Bremen weitestgehend abgeschafft.

Im Folgenden stelle ich einige Kinder mit unterschiedlichen Formen der Behinderung vor, um die Vielfalt an Aufgaben zu verdeutlichen, vor denen eine »normale« Grundschullehrkraft steht.

# BEHINDERUNGEN

## Asperger-Autismus

Das Asperger-Syndrom ist eine Form des Autismus. Merkmale sind zum einen Probleme in der sozialen Interaktion, zum anderen stereotypes Verhalten. Eine Beziehung zu Gleichaltrigen besteht häufig nicht oder nur wenig. Die Intelligenz ist dabei nicht eingeschränkt, sondern eher ausgeprägt. Häufig finden sich beim Asperger-Syndrom auch sogenannte »Inselbegabungen«, d.h. außergewöhnliche Leistungen in kleinen Bereichen.

Rafael ist m. E. ein Kind mit einem Asperger-Syndrom. Er ist das zweite von drei Kindern deutscher Eltern. Seine Schwestern scheinen eher unauffällig zu sein; sie gehen auf eine andere Schule. Rafael lebt in einer kindlichen Fantasiewelt. Er ist mal Polizist, mal Friseur, mal Sänger, aber immer etwas anderes als Rafael. Eines Morgens teile ich ihm mit, dass wir mit Mathe angefangen haben, als ich sehe, dass er immer noch andere Dinge auf dem Tisch liegen hat. Er sagt: »Ich mach schon.«

Ich sage: »Nun hol dein Mathebuch!«

Rafael: »Moment – ich muss erst mal meinen Motor anschalten – brumm brumm – und die Zündung – knirsch …«

Ich unterbreche ihn und ranze ihn an: »Rafael, ich werde gerade ziemlich ungeduldig!« Rafael erwidert: »Geht gleich los – muss mich nur noch anschnallen …«

Rafael stört viel, er redet pausenlos und schafft dabei nichts. Dabei ist er ein sehr intelligenter Junge. Er hat unglaublich rasch lesen gelernt, und auch Mathematik stellt ihn vor keinerlei Probleme. Sozial aber ist er isoliert. Die anderen Kinder erleben seine Traumwelt offenbar als sehr irritierend. Seine Fantasien scheinen auch immer mehr in die Realität hineinzuragen, und ich befürchte manchmal, dass sie diese irgendwann verdrängen.

Im Morgenkreis erzählt er von seinem »Job« als Schornsteinfeger, der so anstrengend sei, er berichtet davon, dass er seinen Eltern ein tolles Frühstück aus allen möglichen Zutaten »gekocht« habe. Die Kinder tolerieren ihn, aber er hat keine Freunde, und das ist sicherlich ein Kernproblem des Ganzen. Er hängt sehr an Liam, aber der ist nur genervt.

Im April ist Schülersprechtag. Rafael kommt zu mir, um mitzuteilen: »Ich habe da leider keine Zeit für dich, ich fahre nach Dresden. Da ist meine Oma, und die muss ich besuchen. Aber ich werde die ganze Zeit an dich denken.« Das finde ich nun sehr anrührend.

Er ist dann aber doch gekommen, weil er erst um 14 Uhr nach Dresden fährt. Als ich sage: »Du bist ja doch da«, antwortet er: »Jep, da haben wir beide Glück gehabt!«

Rafael ist im Großen und Ganzen ein niedliches Kind, das aber aufgrund seiner Eigenheiten oft aneckt. Auf dem Pausenhof sucht er stets die Nähe von Erwachsenen, wenn er sich nicht in die Ecke einer Tür drückt.

Nach Beobachtungen verschiedener Kollegen wird Rafael immer lauter. Er schreit geradezu nach Aufmerksamkeit. Es gelingt mir nicht, mit ihm in ein Gespräch über die Ursachen zu kommen. Auch ein Telefonat mit dem Vater bringt keine Aufklärung. Einige Tage später habe ich telefonischen Kontakt zu Rafaels Kinderarzt. Bei ihm war der Junge wegen »Hörproblemen« vorgestellt worden. Meine Vermutung, dass in der Wahrnehmung seiner Eltern so etwas wie psychische Probleme nicht existieren könnten, wird leider bestätigt. Der Arzt wird beim nächsten Besuch Rafaels verstärkt auf die von mir angesprochenen Dinge achten.

Ausflug zum Umweltpark. Rafael ist das erste Kind in meiner Schullaufbahn, das ich bei der Rückfahrt richtig anherrsche. Er hat sowohl bei der Hin- als auch bei der Rückfahrt sämtliche Möglichkeiten heruntergebetet, die es per Bus, Bahn, Flugzeug oder sonst wie geben könnte, um von A nach B zu kommen. Er wirkt darin regelrecht manisch. Als ich ihn anranze, schweigt er kurz beleidigt. Das tut mir zwar leid, aber ich habe das Gefühl, dass ich sonst regelrecht aggressiv geworden wäre. In der Schule holt er sich ein Blatt und schreibt – fast fehlerfrei – noch mal alle Busverbindungen auf. Ich entschuldige mich bei ihm für den Anranzer und frage, ob er weiß, warum ich so ungeduldig geworden bin. Er denkt kurz nach und erwidert: »Vielleicht, weil du das alles nicht weißt?«

Die Kenntnis sämtlicher Bus- und Bahnverbindungen Bremens ist offenbar seine Inselbegabung.

Nina, unsere Betreuungskollegin, erzählt, dass Rafael auf dem Schulhof mehrmals seinen Kopf gegen die Wand geknallt habe und immer gerufen habe: »Hört auf, hört auf.« Es sei aber niemand zu sehen gewesen.

Nach den Sommerferien zeigt er die gleichen Verhaltensweisen. Ich melde ihn beim ReBUZ; er war der Psychologin bereits bei ihrer Hospitation wegen Aylin aufgefallen.

Inzwischen hatte er neue Spleens entwickelt. Wenn er neben seinem Stuhl stand, sagte er: »Setz dich hin.« Wenn er aufstehen wollte, sagte er: »Steh auf.«

Da das alles auch mitten im Unterrichtsgeschehen passiert, finden seine Klassenkameraden das zwar zunächst witzig, reagieren dann aber zunehmend genervt. Das scheint er aber nicht zu bemerken; auf jeden Fall reagiert er in keiner Weise auf die Kommentare der anderen Kinder.

Die Eltern lehnen jegliche Diagnostik durch das ReBUZ (»Regionales Beratungs- und Unterstützungszentrum Bremen«, Nachfolger des früheren Schulpsychologischen Dienstes) ab. Ihrer Ansicht nach ist Rafael ein »besonderes« Kind, worin ich ihnen durchaus zustimme – wie ich im vorangehenden Kapitel erkläre, halte ich Rafael für ein Kind mit Einschränkung im autistischen Spektrum –, und brauche keinerlei Hilfe, worin ich entschieden anderer Meinung bin. Rafael verbringt alle Pausen allein auf dem Schulhof. Er geht hinaus, setzt sich auf die Treppenstufen und wartet dort, bis die Pause vorbei ist. Ich spreche mehrfach mit den anderen Kindern, aber auch wenn sie ihn zum Mitspielen auffordern, sagt er »Vielleicht in der nächsten Pause«. Er tut es aber nie. Dieses Verhalten steht in eklatantem Widerspruch zu den Aussagen seiner Mutter.

Sie kommt mehrfach zum Gespräch und beschwert sich, dass zu Hause keiner seiner Klassenkameraden mit ihm spielen wolle. Viele der Kinder meiner Klasse wohnen in Mehrfamilienhäusern, und am Nachmittag trifft sich alles unten im Hof zum Reden und Spielen. Nun ist es leider so, dass Rafaels etwas sonderbares Verhalten von den Kindern zwar toleriert, aber doch als fremd empfunden wird. Sie wollen nicht mit ihm spielen. Dass Rafaels Mutter darunter leidet, ihren Sohn so isoliert zu sehen, kann ich gut nachvollziehen. Leider aber geht sie den falschen Weg, um dem abzuhelfen. Sie fordert die Mütter der anderen Kinder sehr nachdrücklich auf, ihre Söhne zu zwingen, mit Rafael zu spielen. Das funktioniert natürlich nicht, und so gibt es Ärger zwischen den Müttern.

Eines Tages eskaliert das so weit, dass Rafaels Mutter eine andere Mutter auf einem Spielplatz anschreit, was nun wiederum die Väter auf den Plan ruft. Ich erfahre davon, als Rafael Mutter am folgenden Tag zu mir in den Klassenraum kommt, um sich zu beschweren. Sie verlangt kategorisch, die anderen Kinder aus der Klasse zu entfernen, alternativ will sie ihren Sohn von der Schule nehmen. Beides wird erwartungsgemäß von der Schulleitung abgelehnt. Rafael selbst scheint das Ganze nicht sehr zu beeindrucken. Er lebt nach wie vor sein eigenes Leben. Alles scheint irgendwie in einem wie auch immer gearteten Gleichgewicht.

Das ändert sich, als die Mutter sich nunmehr über mich beschwert. Sie behauptet, ich würde mich viel zu wenig um ihren Sohn kümmern, denn sonst wäre der nicht immer so alleine auf dem Schulhof. Ihre Forderung besteht darin, dass ich täglich mit ihrem Sohn zusammen auf den Pausenhof gehe, um darauf zu achten, dass er Kinder zum Spielen findet. Das lehne ich ab, und sie reagiert recht ausfallend und aggressiv. Offenkundig macht sie ihre Ansichten über mich auch ihrem Sohn gegenüber sehr deutlich, denn am folgenden Tag ist Rafael deutlich verunsichert. Er weiß nicht, wie er sich verhalten soll. Man merkt, dass er mich eigentlich weiterhin mögen möchte, dass aber im Hintergrund eine recht missbilligende Mutter lauert.

In der Pause setze ich mich zu ihm. Ich frage ihn, ob er von dem Gespräch gestern erfahren hat, und er nickt »Jep!« Dann erkläre ich ihm, dass es schon mal sein kann, dass auch Erwachsene sich streiten, dass das aber mit uns beiden nichts zu tun habe und dass ich ihn nach wie vor sehr nett fände. Das scheint Wirkung zu zeigen, denn er strahlt und sagt: »Ich finde dich auch nett, sehr, sehr, sehr nett!«

Ich glaube, Eltern wissen oft gar nicht, was sie mit einer ablehnenden Haltung gegenüber der Lehrkraft ihres Kindes anrichten können. Jedes Kind möchte seinen ersten Lehrer oder seine erste Lehrerin mögen, und das sollte über der Meinung der Eltern stehen. Ich gestehe, auch ich habe starke Vorbehalte gegen die erste Lehrerin eines meiner Kinder gehabt. Diese sind leider auch im Laufe der Grundschulzeit noch bestätigt worden. Und es war auch wirklich sehr schwierig, wenn mein Kind mal wieder unglücklich nach Hause kam, nicht über die Kollegin zu schimpfen. Aber ich habe im Dialog mit meinem Kind auch gemerkt, dass dieses die Kollegin irgendwie trotzdem mochte. Darum habe ich das ausgehalten. Bei Rafael hingegen zeigt sich im Laufe der Zeit, dass er immer wieder sehr verunsichert ist, was mir sehr leidtut.

Glücklicherweise ist Rafael ein sehr leistungsstarkes Kind, sodass ich mir zumindest darum keine Sorgen zu machen brauche. Er begreift schnell, arbeitet aber bei schriftlichen Aufgaben äußerst langsam. Im Fach Sachunterricht ist er der absolute Star, was er sehr genießt. Er sagt selbst, dass er zu Hause viele naturwissenschaftliche Sendungen guckt, und er scheint tatsächlich alles davon zu behalten. Im Einzelgespräch ist Rafael zugänglich, schweift aber häufig ab.

Im Laufe der Zeit wird es zunehmend schwieriger mit Rafael. Fast alle Kinder fühlen sich durch sein permanentes Reden während des Unterrichts sehr gestört und verlangen, dass er weggesetzt wird. Ich kann ihn aber nicht immer einzeln setzen; das ist auch wenig Erfolg versprechend, weil es trotz der Größe der Klassenräume immer noch möglich ist, ein Gespräch zu führen. Und da Rafael ansonsten singt, wenn er sich nicht unterhält, bleibt die Geräuschquelle erhalten.

In einer Pause bitte ich ihn um ein Gespräch und frage, wie das denn zu Hause ist, ob er da auch so viel redet. Er denkt nach und antwortet: »Nein, da bin ich ja in meinem Zimmer. Da ist ja niemand.«

»Und was machst du in deinem Zimmer?«

»Ach mal dies, mal das. Meistens guck ich Fernsehen.«

»Und mit wem sprichst du über das, was du gesehen hast?«

»Na ja, meistens mit mir selbst.«

Sind Rafaels Lautstärke und sein Reden wirklich so einfach zu erklären? Reden gegen die Einsamkeit? Und – wissen seine Eltern, wie ihr Kind sich fühlt? Es wird ihnen nicht zu vermitteln sein, jedenfalls nicht vonseiten der Schule. Vor allem die Mutter lehnt alles ab, was von dort kommt. Allerdings verrät ihr Verhalten im Privatbereich – Stichwort Konflikte mit anderen Müttern – auch, dass sie weiß, dass es ihrem Kind nicht gut geht. Da diese Probleme bei den Töchtern nicht bestehen, müsste sie m. E. merken, dass das Ganze etwas mit Rafael und nicht mit der Umwelt zu tun hat. Was wird aus Rafael, wenn er die Schule wechselt?

Im letzten Halbjahr verändert sich sein Verhalten. Er wird zunehmend provozierender, sowohl den Mitschülern als auch mir gegenüber. Es scheint, als ob er negative Aufmerksamkeit auf sich zu ziehen versucht. Ich erkläre es mir damit, dass es bei manchen Kindern so ist, damit sie den Wechsel auf die weiterführende Schule nicht als zu schmerzhaft empfinden. Glücklich bin ich darüber nicht.

Ein sehr viel stärker ausgeprägtes Erscheinungsbild des Asperger-Autismus erlebte ich in einer meiner früheren Klassen. Pascal war fast nur auf sich fixiert, er konnte keinen Blickkontakt aufnehmen. Wenn er stand, zog er die Schultern nach vorn, als ob er seinen Kopf dadurch schützen konnte. Seine Leistungen waren gut, aber er war unbeholfen und immer allein. An seinem letzten Schultag kam er zu mir, legte mir die Arme um die Schulter, als ob er mich umarmen wollte, gleichzeitig aber

Angst vor Körperkontakt hatte, und sagte: »Du bist doch meine einzige Freundin.«

Wie soll man diesen Kindern gerecht werden? Ehrlich gesagt: Man wird ihnen (noch) nicht gerecht. Kinder mit einem Autismus, ob nun Asperger oder andere Ausprägungen, brauchen feste Rituale und feste Bezugspersonen. In weiterführenden Schulen ist dies häufig nicht gegeben. Häufig werden gerade diese Kinder nach Hause geschickt, wenn es aufgrund hoher Krankheitsquoten zu Engpässen in der Personalversorgung kommt. Und die ab und zu noch bewilligten Assistenzkräfte der Grundschulzeit werden gerade bei einem Schulwechsel häufig gestrichen – also zu einem Zeitpunkt, ab dem ein Wechsel ansteht, mit dem Autisten in der Regel nicht (allein) zurechtkommen. Da fehlt der Überblick über die qualitativen Wichtigkeiten von Inklusion völlig.

## Lernschwächen

Es gibt die allgemeine Lernschwäche, von der wir sprechen, wenn ein Kind trotz Übens ein Ziel, meistens das Klassenziel, nicht erreicht. Diese kann immer mal wieder auftreten und vergeht in der Regel nach einer gewissen Zeit, abhängig von dem jeweiligen Auslöser (Probleme in der Familie, Selbstzweifel etc.). Gleichgültig, ob es eine vorübergehende oder eine andauernde Lernschwäche ist: Wichtig ist, dass sofort mit einer Behandlung begonnen wird. Je länger sich ein Kind mit einer Lernschwäche abmüht, desto mehr verfestigt sich auch seine innere Überzeugung, nichts zu können. Zum einen leidet das Kind darunter, zum anderen ist es ungleich schwieriger, gegen eine solche Überzeugung zu arbeiten.

Zu den speziellen Lernschwächen zählen die Lese-Rechtschreib-Schwäche und die Dyskalkulie. Viele kennen die

Lese-Rechtschreib-Schwäche auch noch unter dem Begriff »Legasthenie«. Dieser Begriff ist heute weniger gebräuchlich, weil er eine Art Krankheit impliziert. Der Begriff einer *Schwäche* trifft das Erscheinungsbild wesentlich besser. Kinder mit diesem Problem haben Schwierigkeiten, Buchstaben zu erkennen und den geschriebenen Buchstaben ihre Lautwerte zuzuordnen. Häufig gelingt ihnen das Synthetisieren, das Zusammenziehen der Buchstaben, nicht oder nur unzureichend, sodass sie nicht in der Lage sind, einem Text Sinn zu entnehmen. Das wirkt sich natürlich auf alle anderen Fächer aus. Bei Mathematik gelingen keine Sachaufgaben, weil schon das Erlesen der Aufgabe eine zu hohe Hürde darstellt, und im Sachunterricht ist es das Gleiche. Lehrkräfte können in einem gewissen Maße darauf eingehen, indem sie zum Beispiel einem Kind mit Lese-Rechtschreib-Schwäche mehr Zeit zum Bearbeiten einzelner Aufgaben geben oder ihm zum *Lesen* ein Partnerkind an die Seite stellen. In einigen Bundesländern, die noch Noten vergeben, ist es auch möglich, einen Teilbereich wie Rechtschreiben o.ä. von der Benotung auszunehmen (Stichwort: Nachteilsausgleich) und dies auch im Zeugnis zu vermerken. Im Sinne der Kinder ist das auch nur teilweise, denn wenn alle Noten bekommen, wollen sie in der Regel auch welche. Wer wollte es ihnen verdenken? Und Schüler in den Oberschulen machen sich Gedanken darüber, was potenzielle zukünftige Arbeitgeber von einem solchen Vermerk halten könnten. Allerdings ist dies meist das letzte Mittel. Bevor eine solche Bemerkung ins Zeugnis kommt, müssen erst einmal alle anderen Möglichkeiten ausgeschöpft werden, wie z.B. verkürzte Diktate, Lückentexte etc. Solche Maßnahmen werden nicht im Zeugnis vermerkt.

Die Dyskalkulie ist eine Rechenschwäche. Laut Wikipedia tritt sie bei fünf bis sieben Prozent der Weltbevölkerung auf. Kinder mit dieser Problematik haben große Mühe mit dem Erlernen von rechnerischen Fertigkeiten. Häufig fehlt ihnen eine Mengenvorstellung. Eine Dyskalkulie ist völlig unabhängig von der Intelligenz zu beobachten. Bei dieser Schwäche bleiben die betroffenen Kinder häufig beim reinen Zählen stehen. Einen Transfer können sie nicht leisten. Ein Beispiel: Ein Kind weiß, dass es an jeder Hand fünf Finger hat. Trotzdem zählt es bei der Aufgabe 5 + 2 stets bis fünf, dann zwei weiter, und dann zählt es alle aufgezeigten Finger. Auch alles Üben hilft nichts; es kommt nicht zu einer Speicherung. Letztlich werden bestimmte Gruppen stumpf auswendig gelernt. Diese Kinder sind sehr lange auf konkretes Anschauungsmaterial angewiesen.

In meiner Klasse ist Tom, ein niedlicher kleiner Rotschopf. Er gibt sich alle erdenkliche Mühe und hat inzwischen (Klasse 3) sogar das Lesen gelernt. Auch das Abschreiben von Druckschrift gelingt ihm gut. Aber Tom kann nur im Zahlenraum bis 100 rechnen, auch das nur mit Anschauungsmaterial, und er kann kein einziges Wort nach Diktat fehlerfrei schreiben. Tom hat das Unglück, bei einer (getesteten) normalen Intelligenz sowohl eine Lese-Rechtschreib-Schwäche als auch eine Dyskalkulie zu haben. Er ist unglaublich fleißig, sozial, sportlich und bemüht – ein Traumkind. Und, was sonst eher selten ist, er lässt in seinen Bemühungen nicht nach!

Sechs Stunden in der Woche wird er von einer Sonderschulkollegin in einer Kleingruppe gefördert; die restliche Zeit arbeitet er im Klassenverband mit. Das geht gut, allerdings nur, weil er differenziertes Material bekommt. So kann er weitgehend selbstständig arbeiten, und es macht ihm immer noch Spaß! Durch seine Sportlichkeit hat er viele Freunde, und keiner der anderen Jungen hat seine Lernprobleme jemals erwähnt. Das finde ich wunderbar!

Um allerdings vernünftig differenzieren zu können, muss eine Lehrkraft eine hohe Diagnosekompetenz besitzen. Es ist wenig sinnvoll, ein Kind mit Lernproblemen zu überfordern, aber noch weniger sinnvoll ist es, es zu unterfordern. Im Grunde muss es immer eine Aufgabenstellung sein, die das Kind dort abholt, wo es leistungsmäßig steht und es ein kleines bisschen weiterbringt. Differenzierung schien auch mir das Leitmotiv zu sein, als ich Feline in die Klasse bekam.

Im Referendariat lernen angehende Lehrkräfte, dass Kinder mit Lernschwächen inkludiert werden, indem man ihnen differenzierte Unterrichtsangebote macht, die sie auch mit ihren Einschränkungen bewältigen können. In den meisten Fällen ist das auch kein Problem, nahezu alle Unterrichtsinhalte lassen sich differenzieren, und der traditionelle Frontalunterricht hat in der inklusiven Schule sowieso ausgedient. Ein Faktor, der aber von AusbilderInnen und FachleiterInnen allzu gern ausgeblendet wird, ist, dass es sich bei Kindern mit Lernschwächen in erster Linie um Kinder handelt. Und Kinder möchten vor allem eines: dazugehören. Es gibt im Leben des durchschnittlichen Heranwachsenden kaum etwas Unangenehmeres, als aufzufallen, als »anders« zu sein.

Feline ist so ein Kind. Feline hat von Geburt an erhebliche Schäden: Sie ist ein sehr frühes Frühchen, das obendrein auch noch einen Sauerstoffmangel während der Geburt erlitt. Im normalen Umgang fällt ihre Behinderung kaum auf, und sie ist in ihrer Klasse sehr beliebt. Ihre besten Fächer sind Kunst – sie malt wunderschöne, farbenfrohe Bilder – und Musik, weil sie sehr gerne singt. Aber es bleibt dabei – als ich Feline in der 4. Klasse kennenlerne, ist sie auf dem Stand einer schwachen Zweitklässlerin und sich dessen schmerzhaft bewusst. Einen erheblichen Teil ihrer Energie im Unterricht verwendet sie darauf, ihre diversen Lücken zu vertuschen.

Ich reagiere leider zu Beginn meiner Unterrichtsarbeit in Unkenntnis ihrer empfindlichen Natur mit viel zu wenig Fingerspitzengefühl: Ich differenziere, wie ich es gewohnt bin, indem Feline schlicht ganz andere Aufgaben bekommt als die anderen Kinder, Aufgaben, die sie zweifellos schaffen könnte.

Feline verbringt die erste Woche in meinem Unterricht quasi ständig tränenüberströmt, kann aber nicht gut verbalisieren, was ihr eigentlich fehlt. Ich muss leider eingestehen, dass es tatsächlich eine Woche dauerte, bis ich darauf kam, was los ist, und sie fragte: »Sag mal, Feli, stört es dich, dass du nicht die gleichen Sachen machst wie Nikita?« (Nikita war ihr Sitznachbar und ihr bester Kumpel.) Feline nickte stumm.

»Möchtest du mal mit mir zusammen versuchen, auch so ein Arbeitsblatt zu machen?« Feline strahlte sofort übers ganze Gesicht.

Nun – um ehrlich zu sein, den allergrößten Teil des Arbeitsblatts hat Feline gelöst, indem ich ihr Sachen diktiert oder eingeholfen habe. Aber am Ende hatte Feline ein fehlerloses Arbeitsblatt mit einem Goldsternchen, das sie stolz in ihre picobello geführte Mappe einheften konnte. Und zum ersten Mal hat sie eine ganze Stunde nicht geweint. Es ging ihr gar nicht so sehr darum, dass sie die schweren Aufgaben alleine schaffen wollte – sie wusste auch schon damals, dass sie das nicht kann, aber andere Stärken hat. Aber sie empfand es als schrecklich demütigend, dass das auch noch dokumentiert wurde, indem für jeden ersichtlich war, dass sie eine Sonderbehandlung bekam.

Nur – was sollte ich jetzt mit dieser Erkenntnis anfangen? Mit Feline dieses eine Arbeitsblatt auszufüllen hatte mich fast 20 Minuten gekostet, in denen ich nur höchst begrenzt für andere Kinder zur Verfügung stehen konnte, und da ich wie gewöhnlich alleine im Klassenraum war, konnte ich nur hoffen, dass so lange eben kein anderes Kind dringend Hilfe brauchte. Es gibt zwar an jedem Tisch ein sogenanntes »Helferkind«, das bei Bedarf zuerst gefragt werden kann, aber irgendwann ist dann eben doch die Lehrerin erforderlich. Ich konnte das auf gar keinen Fall jede Stunde leisten, aber Feline würde weiter tief unglücklich sein, wenn sie andere Arbeitsblätter bearbeiten sollte. Ich konnte sie inzwischen ja verstehen, aber ich frage mich trotzdem, warum andere Kinder offenbar mühelos mit deutlich unterschiedlichen Plänen leben können und diese auch auf Nachfrage nicht als diskriminierend erleben.

Die Lösung, die ich bei Feline eingesetzt habe und die bis heute prima funktioniert, ist schlicht, Feline auszutricksen. Ihre Lesefähigkeiten sind, wie bereits geschildert, auf dem Stand einer schwachen Zweitklässlerin. Solange ein Arbeitsblatt oberflächlich so aussieht wie die anderen, bemerkt sie in der Regel nicht, dass sie differenzierte Aufgaben bearbeitet. Was das für mich bedeutet, ist, dass ich für jedes, aber auch jedes Arbeitsblatt, das ich meiner Klasse gebe, eine Alternativversion präpariere. Ich mache eine Kopie, schneide die Bilder des Original-AB aus und ordne sie so an, dass es aussieht, als wäre es dasselbe Arbeitsblatt. Die Aufgaben sind nach wie vor differenziert. Auch Klassenarbeiten erstelle ich so.

Ich bin für diese Taktik durchaus kritisiert worden. Manche vertraten die Auffassung, ich täuschte Feline eine Kompetenz vor, die sie nicht besitze. Meine Antwort ist folgende: Feline weiß sehr wohl, dass sie nicht so viel schafft wie die anderen. Das signalisiert sie sehr deutlich. Ihr geht es darum, deswegen nicht gedemütigt zu werden – was ich sehr gut nachvollziehen kann, wenn ich auch der Meinung bin, dass sie sich nach und nach an unterschiedliche Aufgaben gewöhnen sollte. Das muss aber ja nicht von jetzt auf gleich geschehen. Im Übrigen bin ich der Überzeugung, dass die Kinder noch früh und brutal genug selektiert werden. Warum sollte ich schon einer Neunjährigen eröffnen, dass sie für die heutige Leistungsgesellschaft nicht gut genug ist? Ist das nun Inklusion?

## Krankheiten

Auch kranke Kinder können zu den zu inkludierenden Kindern gehören, z.B. Kinder mit einem Diabetes Typ 1. Mit Glück findet sich eine Krankenschwester, die ein zuckerkrankes Kind am Schulvormittag betreut und zuverlässig den Blutzucker misst. Es kann aber so sein, wie das BR Fernsehen berichtete (13.11.2016): Eine Lehrerin weigerte sich, ein zuckerkrankes Kind zu betreuen, und eine Achtjährige musste in der 3. Klasse die Schule verlassen und zu Hause unterrichtet werden. Es gibt zwar immer mehr Kinder und Jugendliche mit einem Diabetes Typ 1, aber sie fallen sozusagen aus dem Inklusionsraster.

Das Ministerium sagt dazu: »Es handelt sich nicht um eine Aufgabe der Schule und gehört deshalb nicht zu den regulären Dienstpflichten einer Lehrkraft.« (Auszug aus dem Schreiben des Kultusministeriums zur Klärung der rechtlichen Situation. Vgl: Bayerisches Staatsministerium für Bildung und Kultus, Wissenschaft und Kunst, Verordnung vom 19.08.2016 )

Glücklicherweise gibt es auch Gegenbeispiele, und intensive Fortbildungsmaßnahmen helfen, den Druck von den beteiligten Lehrkräften zu nehmen, sodass zu hoffen bleibt, dass Erfahrungen wie die des achtjährigen Mädchens in Zukunft zu den Seltenheitsfällen gehören. Allerdings helfen auch noch so intensive Fortbildungen nicht gegen die Ängste und Emotionen, die bei Lehrkräften entstehen können, wenn sie dem Leiden eines Kindes mehr oder weniger hilflos zusehen müssen.

In meiner Klasse befindet sich kein Diabetes-Kind, aber auch Alice hat große gesundheitliche Probleme.

Alice ist ein kleines schwarzes Mädchen. Ihre Familie kommt aus Kamerun. Beide Eltern kümmern sich sehr rührend um Alice und ihre sechs älteren Geschwister. Mir fällt Alice von Anfang an wegen ihrer riesengroßen ängstlichen Augen auf.

Diese Ängstlichkeit ist es, die mich innehalten lässt. Sie wirkt auf mich fremd, und ich nehme mir vor, die Eltern im ersten Gespräch darauf anzusprechen. Das muss ich dann aber gar nicht, weil sie von selbst damit beginnen.

Der gut deutsch sprechende Vater berichtet, dass Alice eine Sichelzellenanämie habe, eine Krankheit, die nur bei Schwarzen vorkommt. Dabei führt eine Zerstörung der roten Blutkörperchen zu Verschlüssen kleiner Arterien mit rezidivierenden Durchblutungsstörungen, was zu starken Schmerzen führt und Schäden in verschiedenen Organen. In den Entwicklungsländern ist diese Krankheit noch immer mit einer hohen Mortalität verbunden. Alice habe bereits einmal im Alter von drei Jahren eine Knochenmarkspende von ihrem Bruder bekommen, der als Einziger mit ihr kompatibel sei. Wichtig für mich als Lehrerin ist der Hinweis, dass die Krankheit sich in Schmerzschüben äußert, und dass beim geringsten Anzeichen davon sofort die Mutter zu benachrichtigen ist, die das Kind dann abholt. Für mich ist diese Erklärung sehr wichtig, weil ich dadurch besser verstehe, warum Alice so ängstlich ist. Sie ist sehr wehleidig und macht sich bereits bei kleinsten Dingen große Sorgen um ihre Gesundheit und ihr Leben.

Wie kann ich einem solchen Kind gerecht werden? Geht das überhaupt? Die Angst des Mädchens ist berechtigt, so wie ich es verstehe. Die anderen Kinder mögen Alice sehr, und sie wird überall einbezogen, obwohl sie sich mit ihrer Angst oft selbst im Wege steht.

Am Ende des 1. Schuljahres ist es dann so weit, dass Alices Blutwerte so weit absinken, dass sie eine weitere Knochenmarkspende braucht. Sie fehlt fast sieben Monate. Die Operation war wohl gut verlaufen, dann hat sich die Wunde entzündet, dann kam eine Krankenhausinfektion. Als sie dann endlich wiederkommt, wird sie mit großem Jubel begrüßt – nicht nur von den Kindern.

Es zeigt sich, dass sie sich in dieser Zeit sehr verändert hat. Ihre Ängstlichkeit ist fort, und sie ist insgesamt viel wagemutiger. Aus dem kleinen ängstlichen Kind wird nach und nach ein Wildfang, dem letztlich kein Klettergerüst zu steil und kein Baum zu hoch sein kann. Am Ende des Schuljahres erweist sich, dass diese Knochenmarktransplantation offenbar von Erfolg sein wird.

Auch Alice ist ein Kind, dem Lehrer oder Lehrerin in einer Klasse gerecht werden müssen. Aber es sind häufig gerade die Ängstlichen oder Kranken, die vor dem lauten Auffallen der anderen zurückstecken müssen. Bei ihnen muss man keine Schadensbegrenzung betreiben, bei ihnen ist »man« froh, dass sie insgesamt recht ruhig sind. Dass es ihnen dabei vielleicht nicht so gut geht, weiß »man« irgendwie, kann dem aber trotzdem nicht immer gerecht werden. Was bleibt, ist das Gefühl, einem Auftrag nicht gerecht werden zu können, und eine wachsende Demotivation. Wenn wir ehrlich sind – das Unterrichten kann man irgendwie leisten. Aber das Auffangen der vielen Ängstlichkeiten, Verletztheiten und Verwirrungen von Grundschulkindern, dazu braucht es mehr. Vor allem aber braucht es mehr menschliche Ressourcen.

## ADHS/ADS

Eine ADHS (Aufmerksamkeitsdefizit-Hyperaktivitätsstörung) äußert sich durch Probleme in der Aufmerksamkeit, wie schon der Name sagt, und häufig in einer starken körperlichen Unruhe. Den davon betroffenen Kindern fällt es schwer, still zu sitzen, sie sind ständig in Bewegung. Auf ihren Tischen, in den Schultaschen und um sie herum herrscht meist ein heilloses Chaos, in dem sie selbst sich auch nicht mehr zurechtfinden. Sie reden unaufhörlich. ADHS-Kinder lassen sich leicht ablenken und zeigen keine Ausdauer beim Spielen und/oder Arbeiten. Sie zeigen sich bei allem sehr sprunghaft; alle Strukturen sind aufgebrochen. Die Eltern betroffener Kinder berichten, dass ihnen ihre Kinder schon recht früh, meist im Kleinkind- oder Kindergartenalter, durch einen hohen Bewegungsdrang aufgefallen sind. Im Grundschulalter zeigen sich die Störungen natürlich umso drastischer, als die Anforderungen hier andere sind. Sie benötigen eine extrem reizarme Umgebung, und diese ist in den durchschnittlichen Klassen meist nicht zu finden. Eine Diagnostik sollte von Fachärzten und speziell ausgebildeten Psychotherapeuten vorgenommen werden.

In einer meiner früheren Klassen befand sich ein Junge mit dieser Störung. Er war selbst unglücklich über das Chaos, weil er nie etwas fand, nie fertig wurde und nichts schaffte. Auf seinem Schultisch tummelten sich ständig zwischen fünf und 15 Dinosaurier, Rennautos oder Ähnliches. Stifte fand er nie, auch seine Hefte verschwanden in einem schwarzen Loch und wurden nie wieder gesehen. Seine Schrift schwankte zwischen krakelig und riesengroß. Ständig stand er auf und rannte im Raum umher. Angebote wie »Geh doch auf den Schulhof und renne ein Runde« nahm er dankbar an, aber im Grunde war anschließend keine ruhigere Haltung festzustellen. Außerdem nässte er während des gesamten 1. Schuljahres noch ein.

Im Kinderzentrum wurde er auf Initiative der Eltern untersucht und medikamentös behandelt. Ich habe das Kind nicht wiedererkannt! Ich bin wahrlich kein Freund von Medikamenten, aber wenn ich mich im Rückblick daran erinnere, wie glücklich dieses Kind auf einmal war, neige ich dazu, meine Meinung zu überdenken. Ehrlicherweise muss ich sagen, dass ich selbst niemals auf diese Diagnose gekommen wäre, weil es zu viele andere »Baustellen« gab. Dennoch bin ich prinzipiell bei der Medikamentengabe an Kinder eher zurückhaltend. Zumindest sollte meiner Meinung nach eine begleitende Psychotherapie erfolgen. Hinter der Abkürzung **ADS** verbirgt sich der Begriff **Auf-merksamkeitsdefizit-Syndrom**. Dabei sind vor allem Auffällig-keiten in den Aufmerksamkeitsfunktionen und eine mangelnde Impulssteuerung zu beobachten. Die Hyperaktivität wie bei ADHS dagegen fehlt. Die betroffenen Kinder sind in ihrer Kon-zentrationsfähigkeit stark eingeschränkt. Sie lassen sich leicht ablenken und sind vielfach verträumt. Sie reagieren negativ auf Reizüberflutung. ADS ist häufig an eine überdurchschnittliche Intelligenz gekoppelt.

Auch ADS-Kinder bringen wenige Dinge zu Ende, kom-men mit der (Lern-)Zeit nicht aus und werden häufig wegen ihrer Impulsivität kritisiert. Sie werden in der Schule leicht zu Außenseitern und haben nur wenig Selbstwertgefühl.

Häufig haben Kinder mit dieser Krankheit Probleme, Freun-de zu finden. In solchen Fällen ist immer die Lehrkraft oder eine Unterstützung gefragt, um diese Kinder zu inkludieren und Verständnis für abweichendes Verhalten zu wecken.

## Aids

Ich selbst habe bislang noch kein Kind mit einer Aidserkran-kung in meinen Klassen gehabt, kenne aber Kolleginnen, die damit Erfahrung gemacht haben. Auch diese Kinder sollen in-kludiert werden. Aids ist nicht meldepflichtig, d.h. die Schule hat keinen Rechtsanspruch auf Information. Somit ist es abhän-gig von dem Vertrauen, das die Eltern in die Lehrkraft setzen, ob sie sie darüber informieren oder nicht.

Aids ist nicht leicht übertragbar. Ein Risiko besteht dann, wenn infektiöse Körperflüssigkeiten mit Wunden oder Schleimhäuten in Berührung kommen. In Spucke oder auch in Tränen-flüssigkeit sind nur sehr wenige Viren vorhanden, sodass eine Ansteckung hier ausgeschlossen ist. Aber in der Grundschule kann es schon vorkommen, dass es blutende Wunden gibt oder ein Kind ein anderes beißt. Auch als Lehrerin wüsste ich gerne, ob ein zu verarztendes Kind positiv ist oder nicht. Im Grunde müssen immer Einmalhandschuhe beim Verpflastern blutender Wunden benutzt werden, gleichgültig, ob eine Infektion bekannt ist oder nicht, und das aus folgendem Grund: Wenn ich nichts von einer Infektion weiß, bedeutet das nicht, dass es keine gibt. Weiß ich aber um eine, sollte ich ebenfalls Handschuhe bei jedem Kind tragen, um nicht bei einem Kind den Anstoß zu Fragen zu geben. Für den pädagogischen Teil halte ich es für wichtig, dass die Mitschüler nichts von der Erkrankung erfahren, weil eine Ausgrenzung sonst mit großer Wahrscheinlichkeit die Folge wäre. Diese muss gar nicht primär von den Kindern kommen, sondern vielmehr von den Eltern aus Angst um ihre Kinder.

# FOLGEN FEHLERHAFTER ERZIEHUNG

Manche Schulprobleme von Kindern entstehen auch durch Überforderung der Eltern, wenn diese entweder noch sehr jung oder schon sehr alt sind.

Philips Eltern beispielsweise sind noch recht jung. Seine Mutter macht einen netten, aber sehr unsicheren Eindruck. Sie hat große Angst, dass ihr Sohn Probleme beim Lernen haben könnte. Woher diese Angst kommt, weiß sie nicht, bekommen wir im Gespräch auch nicht heraus. Ist eben so. Ihr Druck überträgt sich auf das Kind. Philip kommt jeden Morgen in die Schule und hat die Mundwinkel fest in den Boden gerammt. Er sitzt seine Zeit ab. Alles nervt ihn, Interesse hat er nur an Monstern – Feuer speienden Monstern. Wenn wir malen, malt Philip Monster. Es gibt Ostermonster, Weihnachtsmonstern und etliche mehr. Hauptsache, viele Zähne und literweise Blut an diesen. Das findet er gut. Er erzählt häufig von Filmen, die er mit seinem großen Bruder sehen darf. Ich erfahre nicht genau, um welche Filme es sich handelt, gebe aber zu, dass meine Vorstellung weit von kindergeeigneten Filmen entfernt ist. Die Mutter verhält sich dabei freundlich passiv.

Auffallend an Philip sind seine Wutausbrüche. Er kommt dann lauthals kreischend zu mir und stößt in abgehackten Sätzen irgendwelche Anschuldigungen gegen andere Kinder hervor, die es ihm angeblich unmöglich machen zu arbeiten. Wenn ich versuche, mit ihm zu reden, dreht er sich um und sagt: »Ich will endlich meine Ruhe haben!«

In besonderem Maße flippt er aus, wenn ein Diktat geschrieben werden soll. Der Gedanke an das Üben dafür scheint ihm körperliche Schmerzen zu verursachen, jedenfalls verhält er sich so. Er lehnt es laut und kategorisch ab, zu Hause ein Diktat vorzubereiten, und da kann ihn auch nichts und niemand überreden. Auch die Tatsache, dass er einige Diktate ohne zu üben und deshalb mit vielen Fehlern geschrieben hat, beeindruckt ihn nicht. Ich bekam nicht aus ihm heraus, was genau ihn daran in einem so hohen Maße stört.

Nach einer kurzen Beobachtungsphase habe ich versuchsweise alle Übungen zu Diktaten nur noch in der Schule machen lassen. Egal ob Dosen- oder Schleichdiktat, alles fand im Klassenraum statt. Philip machte begeistert mit. Also habe ich in den Zeiten, in denen wir noch für Diktate geübt haben, diese Aufgaben in den Regelunterricht aufgenommen, und alles war in Ordnung.

Jetzt sind die Rechtschreibregeln so weit bekannt, dass Übungen nicht mehr erfolgen, und das Problem hat sich gelöst. Nicht nur die Eltern sind froh darüber! Verstanden habe ich ihn trotzdem nicht, denn alle anderen Hausaufgaben macht er, ohne zu murren.

Aber Philip hat noch andere Probleme. Was er nicht kann, verweigert er. Das ist nicht immer leicht zu verstehen.

So hat Philip z.B. enorme Schwierigkeiten beim Rechnen. Mengen sind ihm fremd, und ich melde ihn zu einer Überprüfung auf Dyskalkulie an. Eine Szene dort ist mir bis heute im Gedächtnis geblieben. Der Tester fragte Philip: »Wie ist das, wenn du und dein Freund jeder 5 Gummibärchen hat, wer hat dann mehr, du oder dein Freund?« Und Philip antwortete: »Mein Freund natürlich!«

Philip ist zu einer speziellen Förderung angemeldet worden, und heute kann er im Zahlenraum bis 1000 rechnen. Er hat auch das Einmaleins gelernt, aber ich bezweifele manchmal, dass diese Zahlen für ihn etwas anderes sind als Zahlen.

Lesen hingegen macht ihm einen Riesenspaß. Es gibt ja auch so viele Bücher über Monster, die alle gelesen werden müssen! Er ist in diesem Bereich seinen Altersgenossen weit voraus, und das genießt er sehr.

In der Zwischenzeit hat er sich mit einem Mädchen aus der Klasse angefreundet, das sehr tolerant ist und ihn häufig in Schutz nimmt und bemuttert. Das scheint er zu genießen.

Die Eltern wiederum haben gelernt, dass ihr Kind seine Aufgaben schafft, dass es keinen Grund zu übertriebener Besorgnis gibt. Durch ihre eigene Entlastung können sie nun ihrem Kind auch mehr Halt und Sicherheit geben, sodass die anfänglichen Probleme nicht mehr auftreten.

Probleme entstehen aber auch dann, wenn die Eltern nicht oder nicht ausreichend in der Lage sind, ihrem Kind Grenzen zu setzen. Das habe ich bei Christin erlebt.

Christin ist ein recht großes, etwas stämmiges Kind. Ihre Eltern sind selbstständig mit gutem Einkommen. Sie hat eine ältere Schwester, die schon studiert, und noch einen jüngeren, sehr niedlichen Bruder, auf den sie recht eifersüchtig ist. Das kann ich verstehen, denn auch ich habe schon beim ersten Kennenlernen den Eindruck, dass dieser von der Mutter vorgezogen wird.

Christin ist ein sehr intelligentes Mädchen, das große Probleme damit hat, sich in eine Gemeinschaft einzuordnen. Sie will nie das machen, was gerade dran ist. Wollen wir lesen, sagt sie: »Ich mach lieber Mathe!« Machen wir Mathematik, will sie wieder etwas anderes. Eigentlich möchte sie auch nicht selbst arbeiten, sondern, wie sie sagt: »Ich will den Kindern helfen.«

Mir fällt auf, dass sie nicht von den »anderen Kindern« spricht, sondern nur von *den Kindern.*

Am Schulbeginn hat Christin große Schwierigkeiten. Sie will nicht bleiben, sie weint nach ihrer Mutter. In den ersten zwei Wochen muss ich sie mehrmals abholen lassen, weil sie vollkommen aufgelöst ist. Nach und nach verändert sie sich, hat plötzlich massive Probleme, sich an Regeln zu halten. Eines Tages hat sie mit anderen Kindern komplette Toilettenpapierrollen in das Klobecken gestopft. Daraufhin muss sie mit diesen zusammen die Toilette putzen, was sie als Zumutung empfindet: »Und wofür sind die Putzfrauen da?« Es fällt ihr sehr schwer einzusehen, dass diese nicht dazu da sind, ihren Schabernack zu beseitigen.

Von da an versucht sie ständig, in den Mittelpunkt zu kommen. Das ist nicht ganz einfach, denn bei Kindern wie Erol, Rafael und wie sie alle heißen, ist genügend Konkurrenz vorhanden. Christin verhält sich dabei distanzlos, reagiert aber positiv, wenn ich ihr Aufgaben übertrage, die andere nicht machen oder von denen sie vermutet, dass die anderen sie noch nicht können.

Es bleibt jedoch problematisch. Im Grunde will sie nicht in die Schule, sie will nicht in diese Klasse, sie zeigt bei vielen Dingen Ekel und lehnt es ab, andere Kinder bei Spielen oder Ausflügen an der Hand zu fassen. Als ich eine Erkältung habe, ekelt sie sich in hohem Maße. Sie fehlt häufig. Nachdem sie wieder einmal einen Tag gefehlt hat, bringt ihre Mutter sie in die Schule und versucht sie dazu zu überreden, den Klassenraum zu betreten, aber Christin weigert sich. Sie will nicht in die Schule. Sie weint, und schließlich kapituliert die Mutter und sagt, sie nimmt sie wieder mit nach Hause. Ich bitte sie, das Ganze mit der Schulleitung zu besprechen, weil Christin nun schon recht oft gefehlt hat. Christins Mutter überlegt, sie in eine Privatschule zu geben. Mir fällt vor allem die Interaktion zwischen Mutter und Tochter auf. Beide standen zum Beispiel eines Tages an meinem Schreibtisch, und die Mutter sagte: »Wir haben uns nämlich heute Morgen gestritten. Aber ich war nicht daran schuld.« Sie verhält sich, als sei sie genauso alt bzw. jung wie Christin, und strahlt dabei große Unsicherheit aus. Ich habe sie während der gesamten Zeit, in der das Kind in meiner Klasse war, nicht ein Mal lächeln sehen.

Am Ende wechselt Christin in eine Privatschule. Ich hörte, dass sie dort exakt die gleichen Auffälligkeiten zeigt wie in der staatlichen Schule. Naturgemäß mache ich mir Gedanken über ein solches Kind und die damit verbundenen Familienverhältnisse.

Es ist ja häufig zu beobachten, dass Kinder von Eltern mit hohem Konfliktpotenzial häufig nach Hause wollen, Bauchweh, Kopfweh etc. vortäuschen, um das zu erreichen. Und machen wir uns nichts vor: Auch wenn man nicht immer glaubt, dass einem Kind wirklich etwas fehlt, informiert man die Eltern. Das finde ich immer noch besser, als einem (tatsächlich) kranken Kind nicht zu glauben. Und – eigentlich fehlt ihnen ja auch etwas, zum Beispiel die Sicherheit, dass zu Hause alles in Ordnung ist. Es scheint, als ob manche Kinder sich vergewissern wollen, dass noch beide Elternteile zu Hause sind. Diese Angst der Kinder ist verständlich und für Lehrer schwer auszuhalten, spiegelt sie doch die eigene Ohnmacht wider. Ob das in Christins Fall so war, vermag ich nicht zu beurteilen. In der Vergangenheit habe ich ansonsten überwiegend positive Erfahrungen damit gemacht, beide Eltern zu einem Gespräch zu bitten oder auch einen – angemeldeten – Hausbesuch zu machen. Auch wenn beide Parteien noch so zerstritten sind, meistens gelingt es, sie an einen Tisch zu bekommen, wenn es um das Wohl des gemeinsamen Kindes geht. Dann kann beratschlagt werden, ob eine Trennung, eine Mediation oder anderes im Raume steht und wie dem Kind in dieser Phase durch welche Personen zu helfen sein könnte. Nur – bei Christin kann ich buchstäblich nichts tun.

Es gibt aber auch Kinder, die auf den ersten Blick gar nicht so sehr auffallen. Ein solches Kind ist Tammo.

Tammo ist ein sehr stilles Kind, das aber gerne meutert. Wenn beispielsweise alle Kinder singen, sitzt er gern im Kreis und macht »buh« und zeigt mit dem Daumen nach unten. Über sein Verhalten sprechen kann ich mit ihm nicht. Wenn ich ihn frage, was ihm an einem Lied nicht gefällt – denn dass das so sein müsse, sei ja deutlich – , sagt er verlegen lächelnd: »Weiß ich nicht.« Bitten, dieses Verhalten dann abzustellen, fruchten aber auch nichts. Elterngespräche gelingen wenig. Die Mutter ist offensichtlich von einem großen Misstrauen gegen Ämter im Allgemeinen und gegen Schule im Besonderen geprägt. Sie versucht, ihren Sohn vor vermeintlichen Angriffen zu schützen, und es gelingt kaum, mit ihr in einen Dialog über seine Stärken und Schwächen zu treten. Sie ist das, was man heutzutage als Helikopter-Mutter bezeichnet.

»Er ist ein gutes Kind«, wiederholt sie geradezu formelhaft. Im Rahmen der Differenzierung habe ich Tammo einen recht einfachen Wochenplan gegeben, den er aber mit oder ohne Unterstützung nie in der vorgesehenen Zeit schafft. Er ist ständig abgelenkt und träumt sehr viel. Versuche, ihn isoliert zu setzen oder ihm einen Hörschutz zu geben, wie wir ihn für konzentrationsschwache Kinder einsetzen, fruchten nicht. Auch eine Reduzierung der Aufgaben zeigt keinen Erfolg. Schließlich tue ich etwas, was ich eigentlich nie tun wollte: Ich gebe ihm seinen Wochenplan mit nach Hause mit der Aufgabenstellung, ihn im Laufe der Woche dort zu beenden. Damit verbinde ich die Überlegung, dass er die (sehr einfachen) Aufgaben vielleicht in der ruhigeren Atmosphäre des Elternhauses bewältigen kann.

Am folgenden Tag bringt seine Mutter ihn in die Klasse, und beide überreichen mir den Plan. Fertig, in schöner Schrift, fehlerfrei. Wunderbar, nur – »Das hat aber nicht Tammo geschrieben, oder?«, frage ich die Mutter.

»Nein, das habe ich gemacht. Er war ja schon müde«, sagt sie völlig ohne Schuldbewusstsein. Ich bin sprachlos, dann frage ich: »Und was hat Ihr Sohn nun an diesem Wochenplan gelernt?«

Sie denkt kurz nach und antwortet dann leicht verwirrt: »Nichts, aber der musste doch fertig werden, und nun ist er fertig.« Aus ihrem Verhalten geht deutlich hervor, dass sie aus welchen Gründen auch immer glaubt, das Fertigstellen dieses Plans sei das einzig Wichtige, nicht, wer ihn fertigstellt. Ich habe leider keine Zeit mehr, um das Gespräch zu vertiefen, und schlage einen Gesprächstermin vor, das möchte sie aber nicht. Ich notiere mir das Verhalten, aber auch beim nächsten offiziellen Termin will sie dazu nicht Stellung nehmen.

Immer wieder aber kommt es zu verbalen rassistischen Attacken von Tammo gegenüber Alice und Dennis, wobei das

Wort »Schokolade« zu den harmlosen gehört. Ich rede mit seiner Mutter darüber und versuche herauszufinden, woher diese Einstellung kommt, aber das gelingt mir nicht. Am nächsten Tag spricht sie einen Kollegen auf diese Geschichte an und sagt, Schokolade sei doch etwas Schönes, ihr Sohn würde sie manchmal auch »weiße Schokolade« nennen. Ein Gespräch auf diesem Niveau erscheint wenig erfolgversprechend, und der Kollege lehnt es denn auch ab.

Da die anderen Kinder der Klasse sowohl Dennis als auch Alice sehr mögen, kommt es immer wieder zu Rangeleien zwischen den Kindern und Tammo, weil sie glauben, die beiden in Schutz nehmen zu müssen. Es zeigt sich auch, dass beide Kinder sich der herabsetzenden Weise sehr wohl bewusst sind und mit Gekränktheit darauf reagieren. Ich versuche, diesem latenten Rassismus mit Aufklärung entgegenzutreten, und das hat auch eine gewisse Wirkung. Dennoch haben alle Kinder aber natürlich gemerkt, wie sie Dennis und Alice treffen können, wenn sie mal das Gefühl der Notwendigkeit haben.

Nach einiger Zeit zeigt aber dann doch der Gruppendruck eine gewisse Wirkung, und wenn diese Äußerungen auch nicht völlig aufhören, so werden sie deutlich weniger. Diskriminierende Wörter und Sätze fallen nur noch, wenn sich die Kinder ohnehin schon vorher über etwas gestritten haben. Das gefällt mir zwar auch nicht, aber man kann in der gegenwärtigen Schulsituation wohl nicht alles haben.

Trotz aller Versuche bleibt es so, wie es ist: Tammo macht, was er will – in der Regel gar nichts –, kann seine Arbeiten nicht beenden und zeigt eine große Gleichgültigkeit gegenüber sämtlichen Themen. Nach einer Klassenfahrt gab es eine kurze Zeit, in der er richtig arbeitete und ich sah, dass er sehr viel mehr konnte, als ich glaubte. Dann fiel aber dieses Verhalten von einem Tag auf den anderen wieder in das alte Muster zurück, und Tammo konnte auch keine Auskunft darüber geben, was geschehen war. Lob ist ihm anscheinend ebenso gleichgültig wie Tadel.

Auch bei diesem Kind bräuchte ich wesentlich mehr Zeit, als ich habe. Ich bin der Überzeugung, dass Lernen in der Grundschule vor allem auch über eine persönliche Beziehung gelingt, und um eine solche positiv aufbauen zu können, muss man Zeit investieren – Zeit, die im Schulsystem nicht vorgesehen ist.

# GEWALTTÄTIGE KINDER

Es gibt sie – Kinder, die gerne und häufig Gewalt anwenden und sich ihrer eigenen körperlichen Kräfte nicht bewusst sind. Habe ich früher gedacht, dass diese Kinder zu Hause auch geschlagen werden, habe ich jetzt dazugelernt. Es geht offenbar auch ohne häusliche Aggressionen.

Erol ist ein Kind mit libanesischem Vater und deutscher Mutter. Er hat ausgeprägte Vorstellungen davon, wer der Chef ist. Er! Von seinen Eltern wird er in dieser Haltung bestärkt, und so kommt es häufig zu Konflikten.

Vor allem die Pausen gestalten sich schwierig. An einem Tag kommen die Kinder während der Pause hereingestürmt und überschlagen sich mit Anschuldigungen: »Erol hat mich von der Rutsche geschubst ...« – »... Stimmt ja gar nicht, du lügst, ....«, »Stimmt wohl ...« – »Ich kann das erklären, ich hab das ganz genau gesehen ....« – »Halt du die Fresse!«

Ich sehe mir die aufgebrachte Meute an. Natürlich hat man oft das Gefühl, zu wissen, wer recht hat und wer nicht, aber Gefühle können ja leider trügerisch sein.

»Holt euch mal alle einen Stuhl und setzt euch zu mir«, sage ich. Das tun sie, nicht ohne sich bitterböse Blicke zuzuwerfen.

»So«, sage ich, » und nun möchte ich von dir wissen, was passiert ist, Philip!«

»Ich kann das ganz genau sagen …!«, ruft ein Mädchen dazwischen.

»Heißt du Philip?«, unterbreche ich sie. »Nein? Also dann hör zu, was Philip zu erzählen hat.«

Philips Geschichte besagt im Wesentlichen, dass er oben auf der Rutsche war und Erol ihn runtergeschubst hat. Er ist im weichen Sand gelandet und hat außer einem Schrecken und einem großen Zorn weiter keine Verletzungen davongetragen. Erol ruft: »Das ist gar nicht wahr, ich habe ihn nur so ein ganz bisschen berührt, und dann ist er wie von selbst runtergeflogen.«

Ich verbeiße mir ein Lächeln. Er ist durchtrieben, ja, aber irgendwie auch auf eine witzige Art und Weise.

Ich sage zu ihm: »Erol, ist es wahr, dass Philip oben auf der Rutsche war?«

»Ja, hat er doch schon gesagt.«

»Und nach deinem Stups war er unten?« – »Ja, aber ….«

»Kein Aber«, sage ich streng, »Erol, so was geht gar nicht. Er hätte sich ja richtig schlimm verletzen können. Die Rutsche ist doch hoch.«

»Aber nicht so hoch wie eine Achterbahn«, wirft Erol ein.

»Das stimmt, aber egal wie hoch, sie ist zu hoch, um jemandem einen Stups zu geben. Hast du das verstanden?« – »Ja, aber … – »Hast du es verstanden oder nicht?« – »Ja«, sagt Erol. Es klingelt, und die Pause ist vorbei.

So verlaufen die Pausen der gesamten Woche, wobei die Namen und Ereignisse dabei austauschbar sind.

Erol erweist sich als steigerungsfähig. Die Pausen verlaufen niemals ohne Beschwerden. Erol hat gespuckt, getreten, mit

Sand geworfen, geschubst. Meine Gespräche mit ihm verlaufen stets gleich: Ich frage ihn, was war. Erol erwidert: »Heute war alles in Ordnung, echt!«

Dann geht irgendwann die Klassentür auf, und herein kommt entweder ein Kollege mit Beschwerden über ihn oder es kommen Kinder, die sich über ihn beklagen wollen. Solchermaßen ertappt, sagt er mit verschmitztem Lächeln. »Oh, daran hab ich gar nicht mehr gedacht.«

Mir wird klar, dass andere Maßnahmen notwendig sind, kleines Kind hin und erstes Schuljahr her. Also verkünde ich ihm, dass er am folgenden Tag Pausenverbot hat. Das hat dann zwar zur Folge, dass ich auch nicht in die Pause gehen kann, aber vielleicht hilft es ja, die kommenden Pausen zu entzerren. Erol nickt sehr verständnisvoll und sagt: »Alles klar, aber zur Betreuung darf ich dann ja raus, nicht!«

Und damit hat er recht. Im Rahmen der bei uns geltenden verlässlichen Grundschule müssen alle Kinder von acht Uhr bis 13 Uhr betreut werden. An unserer Schule wird das so gelöst, dass die 1. und 2. Klasse eine Stunde pro Tag »Betreuung« haben, was meistens bedeutet, dass sie draußen spielen. Ihn davon auszuschließen, wäre mir falsch vorgekommen, weil ich sein Verhalten während dieser Betreuungszeiten nicht beurteilen kann. Ich nehme mir aber vor, die Betreuungskraft zu fragen.

Das tue ich, und sie sagt: »Du weißt ja, wie er ist. Ich muss ständig hinter ihm her sein, sonst gibt es Ärger mit Dennis, Philip oder sonst wem.«

»Tu mir doch den Gefallen und schreib dir auf, was so täglich mit ihm ist«, bitte ich sie.

»Nee, du, das geht gar nicht. In dieser Klasse ist doch mindestens die Hälfte durchgeknallt, da kann ich nicht über jeden Buch führen. Was ich machen kann, ist Folgendes: Ich mach mir eine Liste und trage täglich ein, wer okay war und wer nicht, so mit Sternchen und Minus.«

»Gut«, nicke ich, »das kann ich akzeptieren. Aber wenn mal etwas wirklich Schlimmes ist, protokollier das doch bitte und benachrichtige die Eltern. Die müssen schließlich wissen, wie sich ihre kleinen Lieblinge hier benehmen, und es ist mit Sicherheit gut, wenn das nicht alles immer von mir kommt.«

»Da hast du bestimmt recht«, sagt sie, »so, ich wünsch dir einen schönen Nachmittag. Ich hab jetzt Schluss!«

»Ich auch«, nicke ich und gemeinsam verlassen wir das Gebäude.

Die Strafe scheint für Erol nicht so schlimm zu sein. Er erinnert mich daran, dass er ja drinnen bleiben muss, sieht sich ein Bilderbuch an und macht den Eindruck, als wolle er mitteilen: Ich hab was falsch gemacht, das sitz ich jetzt ab, und dann gehen wir zur Tagesordnung über. Als ich ihn darauf anspreche, ist es genauso, wie ich es mir gedacht hatte.

Einige Tage geht es mit ihm einigermaßen gut; es kommen wenig Klagen. Dafür ist er im Unterricht kaum zu bändigen. Er steht ständig auf, läuft herum, stört andere, indem er ihnen Papier wegzieht oder Bleistifte nimmt. Ich bleibe in der Pause mit ihm im Klassenraum und versuche mit ihm zu sprechen.

»Erol, was ist los?«

»Nichts, wieso?«

»Du bist jetzt seit heute Morgen nur im Raum rumgerannt, hast nichts geschafft und die anderen gestört. So kenne ich dich gar nicht. Also – was ist los?«

»Nichts, sag ich doch!«

»Und warum machst du das?«

»Was?«

»Rumrennen, stören usw.«

»Mach ich doch gar nicht.«

»Erol, du hast heute Morgen Dennis den Bleistift geklaut, Saskia mit dem Stuhl geschubst und Corinna den Radiergummi weggenommen.«

»Ach, das meinst du!«

»Ja, das meine ich!«

»Ich weiß nicht, warum ich das mache. Ist einfach so.«

»Gut, auch wenn du nicht weißt, warum du es machst, es muss aufhören! Die anderen Kinder haben auch ein Recht darauf, ungestört zu arbeiten. Hast du das verstanden?«

»Ja«, nickt er.

»Was genau hast du verstanden? Wiederhol das bitte noch mal!«

»Ich soll nicht stören oder rennen. – Kann ich jetzt raus?«

Mir wird deutlich, dass er eigentlich nur nach draußen will und weitere Pädagogik wohl nicht sehr Erfolg versprechend wäre. Also lass ich ihn rausgehen. Mir wird aber auch klar, dass er offenbar häufig gar nicht weiß, was die anderen stört und was nicht. Wie kann ich das vermitteln? Einfach wird es vermutlich nicht. Also bespreche ich mit ihm vor *jeder* Pause, was er machen *darf* und was er besser lassen sollte. Eine Zeit lang funktioniert das.

Doch natürlich gibt es Einbrüche. Anfang Dezember ist er im Unterricht so außer Rand und Band und durch nichts zu erreichen, dass ich ihn in die Parallelklasse setze. Das tue ich mit schlechtem Gewissen, denn für Erol wird sich dadurch nichts ändern. Aber seine Mitschüler können wieder ungehindert arbeiten, und meinen Nerven geht es kurzfristig auch besser. Also – der Erfolg heiligt in diesem Falle (vielleicht doch ein wenig) die Mittel.

Dennoch wird im Laufe der Zeit Erols Verhalten immer problematischer. Im Unterricht ist er kaum zu halten. Er rennt herum, geht an andere Tische, nimmt hier oder dort etwas weg, was jeweils zu heftigen Reaktionen der betroffenen Kinder führt.

Eines Tages kommt er zu mir an den Schreibtisch, um eine Arbeit zu zeigen, und kratzt im Vorbeigehen Liam so heftig im Nacken, dass dieser drei dicke rote Striemen hat. Liam schreit auf, und Erol will sich ausschütten vor Lachen. Nach einer gehörigen Standpauke frage ich Erol, warum er das gemacht hat, und er sagt: »Nur so.« Ich erzähle den Eltern von dem Vorfall, und sie reden zwar alle auf Erol ein, aber ich habe nicht das Gefühl, dass ihn das irgendwie erreicht. Er verspricht dann zwar seinem Vater, er wolle wieder »lieb« sein, aber unsere Interpretationen dieses Begriffs gehen offenbar doch recht weit auseinander. Das scheint tatsächlich häufiger ein Problem zu sein, als wir uns klarmachen. Was in der deutschen Grundschule unangemessen ist, scheint in anderen Kulturen durchaus akzeptiert zu werden, wie zum Beispiel das Ausgrenzen von Mädchen. Auch »lieb« sein hat, wie meine Recherchen in dieser Familie ergaben, vor allem den Inhalt »nicht schlagen, beißen oder treten«. So gesehen ist Erol natürlich in den Augen der Eltern lieb, wenn er »nur« schubst oder kratzt.

Nach den Weihnachtsferien ist Erol etwas ruhiger. Seine Schwester hat viel mit ihm lesen geübt, und so liest er besser und mag es dadurch auch lieber. Er ist ein kluges Kind, das an vielem sehr interessiert ist und es genießt, wenn man ihm Bücher vorliest, vorzugsweise Bücher über Tiere und Raumfahrt. Meine Hoffnung, dieses Interesse auch pädagogisch nutzen zu können, erfüllt sich jedoch leider nicht.

Erol mag es zwar, wenn man ihm vorliest, aber die Verabredung: Wenn du die nächsten zehn Minuten arbeitest, ohne jemanden zu stören/aufzustehen etc., können wir ein Buch vorlesen, beantwortet er so: »Das kann ich nicht versprechen, dann lassen wir das mit dem Vorlesen lieber.«

Ich finde es zwar gut, dass er sich einschätzen kann, aber andererseits macht es mich auch traurig, dass er so bereitwillig auf etwas verzichten will.

Und es gibt immer wieder und mehr Vorfälle.

In der einen Pause nehmen Erol und Liam Ünal in den Schwitzkasten und machen mit ihm das, was sie, nicht aber Ünal, einen Spaßkampf nennen. Zwei strahlende Jungs und ein weinender Ünal sind die Folge.

Wir besprechen im Stuhlkreis zum wiederholten Mal, dass Spaßkämpfe in der Schule nicht erlaubt sind und dass sie außerhalb der Schule auch nur dann sein sollten, wenn sich *alle* Beteiligten einig sind, dass es Spaß ist. Das scheint ein sehr hohes Ziel zu sein, jedenfalls ist es zum gegenwärtigen Zeitpunkt noch nicht von allen erreicht worden. In meiner früheren Schule hatten wir eine große Matte im Raum, auf der die jeweiligen Kontrahenten ihre Kämpfe nach Ring-Regeln austragen konnten. Das hatte den Vorteil, dass es festgelegte Regeln und Zeiten gab und diese Kämpfe unter Aufsicht stattfanden. Bei uns geht das leider nicht.

Immerhin – man gewöhnt sich an Erols Verhalten. Es ist nicht so, dass ich abstumpfe, es gibt ja noch sehr viel mehr auffällige Kinder in dieser Klasse, über die ich später berichten werde. Nein, es ist eher so, dass Erol viel Unsinn anstellt, aber ich oft den Eindruck habe, dass ihm dieser »Unsinnscharakter« gar nicht bewusst ist. Er ist einfach nur triebgesteuert, macht, was er will, und kennt keine Grenzen. Ruft man sie ihm ins Gedächtnis, kann er das kurzfristig akzeptieren, aber es hinterlässt in seinem Verhalten eigentlich keine nennenswerten Spuren.

Darum kommt es immer wieder zu Vorfällen, die sowohl Lehrer als auch Mitschüler anstrengen und traurig machen: Treten, Schimpfen, Kinder von der Rutsche schubsen. Eines

Tages berichten die Kinder, Erol habe Ünal in die Hundescheiße geschubst – »nur aus Versehen«, wie dieser strahlend berichtet. Ünal stinkt und weint, und Erol ist irritiert und sagt: »War doch nur Spaß!« Ich frage ihn, wie er es fände, wenn Ünal *ihn* geschubst hätte, aber er sagt: »Hat er aber ja nicht!« Es gelingt mir nicht, ihn dazu zu bewegen, das Ganze aus einer anderen Perspektive zu betrachten.

Dafür scheint er plötzlich sehr an Deutsch interessiert zu sein. In jeder freien Minute sitzt er über seinem kleinen Übungsheft und schreibt, was das Zeug hält. Am Freitag entdecke ich dann den Grund dafür. Er hat den Lösungsteil herausgetrennt und schreibt die Ergebnisse fein säuberlich ab. Ich versuche, mit ihm darüber zu sprechen.

»Erol, kannst du mir mal erzählen, was du lernst, wenn du die Wörter oder Sätze abschreibst?«

»Weiß ich nicht.«

»Und warum machst du das dann?«

»Na, dann bin ich eher fertig und kann spielen.«

»Aber die Hefte sind doch zum Üben da, damit du etwas lernst.«

»Das ist aber so schwer!«

»Und warum kommst du dann nicht zu mir und lässt es dir noch mal erklären?«

»Das dauert dann wieder so lange. Ich will fertig werden.«

Sämtliche Erklärungen prallen an ihm ab. Er sieht ein, dass er das nicht weitermachen soll, aber nur, weil ich den Lösungsteil einbehalte. Ich weiß ohnehin nicht, was die Verlage sich dabei denken, diese Teile in die Schülerarbeitshefte zu legen. Selbstkontrolle ist ja gut und schön, aber dafür gibt es auch noch andere Möglichkeiten.

Ich teile ihm mit, dass wir mit der Klasse ja in der kommenden Woche ins Kino gehen. Seine »Eintrittskarte« dafür ist, dass keine Beschwerden mehr kommen. Es sind nur noch drei Tage bis dahin, und ich hoffe sehr, dass er das schafft.

Ausflug ins Kino. Erol kann mit; er hat es geschafft! Auf dem Weg zum Bus und zum Kino verhält er sich fast mustergültig. Auch im Kino ist an seinem Verhalten nichts auszusetzen. Dann kommt der Rückweg.

Der Ärger beginnt damit, dass mehrere Kinder sich beschweren, weil Erol ihnen auf die Hacken tritt. Also nehme ich ihn an die Hand, und er geht mit mir vorne. Unnötig zu sagen, dass auch andere auf Hacken treten können, und so komme ich mit einer ziemlich chaotischen Kinderschar an der Bushaltestelle an. Dort lasse ich Erol los, und dieser fängt sofort an, sich nach Kindern umzusehen, mit denen er etwas anstellen kann. Diesmal findet er so schnell keine, und ich sehe den Bus auch bereits kommen, sodass ich leise aufatme.

Der Bus kommt an, und in diesem Augenblick greift sich Erol Ünal und schubst ihn vor den Bus. Ünal hält sich am Bus fest und rutscht ab, kann sich gerade noch fangen. In meinen Ohren rauscht es, und ich habe das Gefühl, mein Herz bleibt stehen. Der Busfahrer steigt aus und geht zornig auf Erol los. Ich kümmere mich um Ünal, der vor lauter Schreck nichts sagen kann, und die anderen Kinder sind tatsächlich einmal still und steigen leise in den Bus.

Es ist nichts passiert, aber, mein Gott, was hätte passieren können! Ich bin fix und fertig und zerbreche mir den Kopf, wie ich das mit Erol besprechen soll. Er kommt auch zu mir, aber ich sage ihm nur, ich wolle im Augenblick nichts mit ihm zu tun haben.

Auch bei der Rückkehr in die Schule verbanne ich ihn für eine Stunde zu einer Kollegin, um mich erst einmal selbst zu fangen. Ich bespreche den Vorfall mit den Kindern, die auch alle sehr einsichtig sind und gesehen haben, dass das um Haaresbreite tödlich ausgegangen wäre.

Als Erol in den Klassenraum zurückkehrt, versuche ich ihm noch einmal die Gefahr klarzumachen, was er aber immer mit »Es ist doch nichts passiert« kontert. Außerdem sage ich ihm, dass er auf den nächsten Ausflug nicht mit darf.

Dann rufe ich seine Eltern an und informiere sie über das Vorkommnis und über den Ausschluss von einem nächsten Ausflug.

Erol hatte den Ausschluss gelassen zur Kenntnis genommen, nicht so sein Vater. Er kommt am nächsten Morgen in die Schule und fragt aufgebracht:

»Warum immer nur meine Sohn Strafe? Warum nicht andere Kinder?«

»Weil Ihr Sohn jemanden vor den Bus geschubst hat und andere nicht«, erwidere ich. »Ist nix passiert, also Erol kann mitfahren in Zoo.«

»Es ist nichts passiert, weil beide Kinder unglaubliches Glück hatten. Es geht nicht, dass Erol tut, was er will! Er bleibt beim nächsten Ausflug zu Hause, und ich diskutiere das auch nicht«, sage ich schärfer, als ich eigentlich will.

»Was soll ich tun?«, fragt er. »Du kommst nicht klar mit Erol. Soll ich neue Schule suchen oder was?«

»Wenn das für Sie eine Lösung ist, bitte schön«, entgegne ich genervt und wenig professionell. »Meiner Meinung nach würde es schon genügen, wenn Sie zu Hause konsequent wären.«

»Zu Hause alles gut mit Erol. Probleme immer nur bei dir!«, sagt der Mann. Na prima!

Ich entgegne, so ruhig ich kann: »Wenn das so ist, ist eine andere Schule vielleicht eine Lösung. Ich bin aber ziemlich sicher, dass Erol zu Hause auch macht, was er will.«

»Nicht mit seine Mama«, sagt der Mann.

»Und was ist mit seiner Schwester?«, hake ich ein.

Er grinst. »Schon manchmal.«

»So«, sage ich, »und solange es so ist, dass Sie darüber lächeln und insgeheim stolz sind auf ihn, so lange wird sich auch nichts ändern.«

Und selbstverständlich ändert sich nichts. Im Gegenteil. Erols Verhalten eskaliert regelrecht. Es vergeht keine Pause, in der es nicht zu Beschwerden kommt. Auch im Klassenraum steht Erol immer mal wieder auf und schlägt dem einen oder anderen auf den Kopf. An einem Tag hat er, wie er es nannte, »nur sein Bein ausgestreckt«, als Dennis zu mir an den Schreibtisch kommen wollte. Dieser ist darüber gestolpert und hingefallen. Daraufhin hat er Erol verhauen, der das alles unglaublich witzig findet. Ich rufe die Eltern an, um ihn abholen zu lassen, erreiche aber nur die Mailbox.

Ausflug zum Umweltpark. Die Kinder sind zu zweit aufgestellt. Recht schnell beschweren sich Kinder, dass Erol sie ärgert und tritt. Ich hole mir den strahlenden Knaben an meine Seite, in der Annahme, das wäre sicher. Ist es nicht. Er tritt nun nach hinten und freut sich, wenn jemand stolpert. Ich verwarne ihn und drohe mit dem Ausschluss vom nächsten Ausflug. Es bleibt so.

Durch ein verhaltensoriginelles Kind einer anderen Klasse, das kurzfristig bei mir »geparkt« wird, fühlt sich Erol in seiner Rolle als Übeltäter der Klasse bedroht und dreht auf. Auf seinem Weg vom Platz zu meinem Schreibtisch tritt oder pufft er alles und jeden, der ihm in den Weg kommt. Ich ermahne ihn noch einmal. Als das wieder vorkommt, schließe ich ihn wieder von einem geplanten Ausflug aus.

Am Mittag kommt sein Vater und sagt, sein Sohn sei zu weich, er mache immer, was die anderen sagen. Auch Ünal müsse vom Ausflug ausgeschlossen werden. Ich erkläre ihm, dass erstens ich das Ganze gesehen und somit besser beurteilen kann und zweitens, dass ich der Chef bin. Das scheint er irgendwie zu akzeptieren.

Insgesamt bleibt es schwierig.

Nach den Sommerferien scheint Erol sämtliche Regeln vergessen zu haben, die er einmal kannte, was sicher nicht so schwer war, weil er nur wenige kannte bzw. akzeptierte. Ich beginne von vorne mit Regeln, Konsequenzen, Erklärungen. Er ist nun älter, und das eine Jahr macht sich deutlich bemerkbar. Er ist sehr viel erfinderischer, wenn es darum geht, Klassenkameraden zu ärgern. Zur Zeit ist ein beliebtes Hobby von ihm, anderen Jungen spitze Bleistifte in die Hose oder in den Schritt zu stechen. Sein Vater findet das alles nicht so schlimm. »Ist Kleinigkeit«, sagt er, wenn ich ihn darauf aufmerksam mache.

Als es zu einem Streit zwischen Erol und Alexa kommt, reagiert er anders. Er »erzieht« zwar seinen Sohn, aber nicht in meinem Sinne:

»Was ist das mit Mädchen?«, fragt er. »Bist du Mädchen? Lass Mädchen weg, du spiel mit Jungen, okay.«

So hatte ich mir das nun nicht vorgestellt, aber ich gehe nicht darauf ein. Zu viele Änderungen in der Wahrnehmung dieses Vaters sind nicht einfach durchzusetzen. Immerhin habe ich in der Zwischenzeit herausgefunden, warum er seinen Sohn eigentlich immer für unschuldig hält.

»Weißt du«, sagt er »ich war in Gefängnis. Habe ich nie was gemacht. Aber Deutsche haben das nicht kapiert, verstehst du? Und mit Erol ist genauso. Hat er geerbt.« Unsere Einschätzungen der Vererbungslehre gehen offensichtlich ein wenig auseinander. Nun denn …

Ich bin der Meinung, dass man Kindern wie Erol durchaus begreiflich machen kann, wozu Regeln gut sind. Das geht jedoch nur mit ausreichender personeller Ausstattung, vor allem dann, wenn die Eltern eine so sehr andere Auffassung haben. Im Grunde müsste ich bei jedem noch so kleinen »Delikt« die Möglichkeit haben, mich aus dem Unterrichtsgeschehen

zurückzuziehen und alles mit dem betreffenden Kind zu besprechen. Dazu gehört für mich zum einen das Eruieren der
Gründe für ein Verhalten, daraus folgend dann aber auch Ver-
abredungen, was anders laufen muss und kann, welche Konsequenzen das Kind von sich aus anbietet, wenn es zu Verstößen
kommt, und die ganze Bandbreite verhaltenstherapeutischen
Handwerkzeugs. Wenn man aber allein in der Klasse ist, ist das
nicht möglich. Auf diese Weise haben Kinder wie Erol deutlich
weniger Chancen, als sie bei einer vernünftigen Ausstattung
hätten.

Darüber hinaus müsste man aber auch bei den Eltern Verständnis wecken für die andere Sozialisation in Deutschland, in
der Mädchen und Jungen durchaus gleichberechtigt sind. Dies
wird ab einem gewissen Lebensalter nicht mehr gelingen; umso
wichtiger wäre es, damit in der Grundschule zu beginnen. Dass
die Eltern zu diesem Thema eine deutlich andere Einstellung
haben und ihrem Kind auch zeigen, macht eine Einstellungs-
änderung bei Erol so gut wie unmöglich. Dennoch muss ich
feststellen, dass Erols Eltern sich hervorragend um ihre Kinder
kümmern, ihnen helfen, mit ihnen üben und weit mehr machen
als viele andere.

# GEWALTERFAHRUNG (TRAUMATA)

Meine erste Erfahrung mit einem traumatisierten Kind liegt
schon lange zurück. Damals arbeitete ich im Wesentlichen im
Bereich Deutsch als Fremdsprache und betreute altersheterogen
gen zusammengesetzte Kurse von ausländischen Kindern aus

aller Herren Länder: Türken, Afrikaner, Griechen, etc. Wenn irgendeines dieser Kinder etwas anstellte oder sich verletzt hatte, wurde meistens ich geholt. Eins Tages wurde ich während der Pause auf den Hof gerufen und fand eine aufgebrachte Kinderschar vor. Es stellte sich heraus, dass ein relativ neuer Junge, Bahri, zusammen mit einem Freund ein türkisches Mädchen festgehalten hatte und einen Korkenzieher in dessen Arm gestochen und durchgezogen hat. Das Kind schrie wie am Spieß, die Wunde sah schlimm aus, und alles war in allgemeinem Aufruhr, auch ich. Die Mutter des Mädchens wurde geholt und fuhr mit dem Krankenwagen mit ins Krankenhaus. Ich musste mit Bahri sprechen. Auf meine Fragen nach Grund und Anlass gab er keine Antwort. Er sagte überhaupt nichts. Mit fest zusammengepressten Lippen saß er vor mir und blickte starr auf den Tisch. Am Ende ließ ich den Vater eines anderen Kindes kommen, von dem ich wusste, dass dieser dolmetschen konnte. Die Geschichte, die er mir erzählte, war gruselig.

Bahri war ein kurdisches Kind. Im Alter von vier oder fünf Jahren war er Zeuge geworden, wie Türken in die Wohnung seiner Eltern eindrangen und seinen Vater erschossen und der Mutter den Bauch aufschlitzten. Dieses Trauma hatte er ganz offensichtlich nie verwunden. Er lebte hier in Deutschland bei seinen Großeltern. Es war unglaublich schwierig, diesen Jungen wieder in die Gruppe zu integrieren. Zwar handelte es sich bei allen daran teilnehmenden Kindern um Sprachanfänger aus den unterschiedlichsten Ländern, aber die Sozialisationen verliefen naturgemäß völlig verschieden, und nur Bahri hatte eine solch schlimme Erfahrung schon in sehr jungen Jahren machen müssen. Hinzu kam, dass er die kommenden Wochen mehr oder weniger teilnahmslos im Raum saß und nicht mehr sprach. Im Laufe vieler Wochen und noch mehr Gesprächen gelang es, wieder einen Zugang zu ihm zu bekommen.

Es war ein langer Weg, einen passenden Therapeuten zu finden, um diesem Kind zu helfen. Für ihn waren die Türken schuld an allem – kann man es ihm verdenken? Heute hat er eine Familie und lebt in Süddeutschland.

Dann gibt es aber auch Kinder, die zu Hause misshandelt werden und darauf sehr unterschiedlich reagieren. Manche ziehen sich in sich zurück, andere reagieren mit Aggression. Ein solches Kind war Kim. Sie wurde von einer anderen Schule zu uns querversetzt, weil ein weiterer Verbleib an der bisherigen Schule aufgrund der Vorfälle, die es mit ihr gab, niemandem pädagogisch machbar erschien. Aufgrund der Interaktion zwischen den Eltern ist sie mir besonders im Gedächtnis geblieben. Das ist nun allerdings schon einige Jahre her.

Kim kam im 3. Schulbesuchsjahr in meine Klasse. Sie hatte in ihrer bisherigen Klassengemeinschaft eine hohe Aggressionsbereitschaft an den Tag gelegt und sämtliche schriftlichen Arbeiten komplett verweigert. Ihre damalige Klassenlehrerin äußerte die Vermutung, dass sie zu Hause geschlagen würde, wusste aber nichts Konkretes.

Kim war ein übergewichtiges Mädchen mit einem recht hübschen Gesicht. Insgesamt verhielt sie sich oft recht linkisch. Sie war das jüngste Kind ihrer Eltern; ein älterer Bruder war bereits verheiratet. Die in der Familie herrschende Rollenverteilung war die »alte«: Vater arbeitet, Mutter versorgt Haus, Garten und Familie. Über Ecken erfuhr ich, dass die Ehe offenbar nicht ganz unproblematisch war und der Mann seine Frau sehr dominierte. Diese zeigte sich sehr ängstlich und angepasst, sagte zu allem Ja und Amen. Beide Eltern kamen gemeinsam in die Schule, um Kim zu mir in den Klassenraum zu bringen. Der Vater sagte gleich: »Mal sehen, ob das hier endlich klappt: Wenn nicht, rufen Sie mich an!« Ich nahm mir spontan vor, genau das nicht zu tun, und konnte die Vermutung der Kollegin gut verstehen.

In den nächsten Stunden lernte ich, dass man sich nie zu schnell etwas vornehmen soll. Kim zeigte sich gleich in den ersten Stunden mit »vollem Potenzial«. Auf dem Weg zum Musikunterricht, der von einem Fachkollegen durchgeführt wurde, trat sie ein anderes Kind so brutal gegen das Schienbein, dass es blutete. Ich nahm Kim dann mit in meinen Fachunterricht, gab ihr aber nichts zu tun und ignorierte sie völlig. Sie gab es dann auch relativ rasch auf, durch irgendwelche Aktionen auf sich aufmerksam zu machen.

Ich bespreche mit ihr ein Verstärkersystem. Wir vereinbaren, dass wir uns am Ende jedes Schultags zusammensetzen und ihr Verhalten besprechen. War es in Ordnung, bekommt sie einen Stern, bei fünf Sternen kann sie an einen Gruppentisch umziehen. Bis dahin sitzt sie allein. Außerdem schalte ich den schulpsychologischen Dienst – das spätere ReBUZ – ein.

Die in der Folgewoche im Musikunterricht hospitierende Schulpsychologin berichtet von mehrfachen tätlichen Übergriffen Kims während des Unterrichts. Der Kollege war relativ hilflos. Auch im Sportunterricht eskaliert ihr Verhalten, und wenn die Fachlehrer sich bei mir beschweren, grinst sie nur.

Ich mache einen Gesprächstermin mit der Mutter aus, die gleich zu Anfang des Gesprächs sagt, es sei ihr wichtig, dass ihr Mann davon nichts erfahre. Er schlüge Kim sonst mit dem Gürtel. Ich zeige mein Entsetzen deutlich und verweise auf Beratungsstellen sowie auf das Jugendamt. Sie will das alles nicht und scheint schon zu bedauern, dass sie mir etwas erzählt hat. Ich beruhige sie und sage ihr, dass ich verschwiegen bin und alles, was wir besprechen, hier in diesem Klassenraum bleibt. Daraufhin wird sie etwas ruhiger. Sie berichtet, ihr Mann sei recht jähzornig und hätte eigentlich auch lieber noch einen Jungen gewollt, aber sie hatte nach Kim diverse Fehlgeburten, und nun sei sie zu alt. Das glaube ich zwar nicht, aber dass sie in der gegenwärtigen

Situation keine weiteren Kinder bekommen möchte, kann ich sehr gut nachvollziehen. Wir verabreden, regelmäßig in Kontakt zu bleiben, weil ich auch die Möglichkeit haben möchte, den Eltern einmal etwas Positives über ihre Tochter zu erzählen. Es ist häufig ein Problem, dass bei jedem Anruf einer Lehrkraft sofort der Gedanke aufkommt: Mein Kind hat etwas Böses gemacht. Eine solche Voreinstellung kann ein Gespräch sehr erschweren. Wenn hingegen ein regelmäßiger Kontakt besteht, ist die Chance ungleich größer, dass ich auch mal sagen kann: In dieser Woche war alles wirklich prima.

Leider gab Kim mir keine Chancen für eine positive Rückmeldung. Ihre neueste Störmöglichkeit war das Zerreißen von Arbeitsblättern. Gab ich ihr eins, wurde es sofort zerrissen. Gab ich ihr ein weiteres, erlitt dieses das gleiche Schicksal. Während dieser Aktionen sah Kim mich die ganze Zeit über triumphierend an.

Schließlich eröffnete ich ihr freundlich: »Kim wir beide bleiben nach dem Unterricht noch hier, bis du deine Aufgaben fertig hast.«

»Nö, bestimmt nicht«, sagte sie, »ich muss zum Hort zum Mittagessen.«

»Dann wirst du wohl heute kein Essen bekommen, wenn du dich nicht beeilst«, teilte ich ihr freundlich mit. Sie wurde unglaublich wütend, und mir wurde klar, dass das Thema Essen für sie ein existenziell wichtiges war – letztlich sah man es auch an ihrem Übergewicht. Von daher empfand und empfinde ich diese Intervention als verkehrt und hätte auch gern ein anderes System in den Fokus gerückt, aber bei Kim fand ich einfach keines. Sie würdigte mich keines Blickes, griff sich das Arbeitsblatt und war innerhalb weniger Minuten damit fertig. Ich sah es durch und sagte dann: »Das hast du prima gemacht. Dann kannst du jetzt gehen.«

Dieses Erlebnis beeindruckte sie offensichtlich länger, denn wenn sie wieder ein Blatt zum Zerreißen in die Hand nahm, sagte ich nur ruhig: »Macht nichts, ich hab nachher noch Zeit. Wir können das nach Schulschluss gemeinsam bearbeiten.« Insgeheim war ich froh, dass diese Intervention so schnell gewirkt hatte. Andere Vorfälle waren nicht so leicht abzustellen.

So kamen Mädchen aus fremden Klassen in meinen Raum und berichteten, Kim wäre die ganze Pause über hinter ihnen hergelaufen und hätte gesagt, sie täte das so lange, bis sie einer von ihnen weh getan hätte. Gewalt und Schmerz sind Themen, die ihr offenkundig sehr nah sind. Als im Morgenkreis ein Kind erzählte, Kim hätte ihr am vorigen Nachmittag am Kiosk gegen das Bein getreten, grinste Kim und sagte: »Du hast vergessen zu sagen, dass ich dich auch geschubst habe«. Dazu kamen verbale Ausfälle: Kollegen werden als »behindert« tituliert, Kindern gegenüber fielen Sätze wie »Deine Mutter ist eine Hure«, »Deine Mutter poppt mit ihrem Vater/einem Callboy« und dergleichen. Dass die meisten Kinder sie ablehnen, macht das Ganze nicht einfacher.

An einem Tag steht sie plötzlich mitten im Unterricht auf, pikst ein Kind mit einem sehr spitzen Bleistift und freut sich, als dieses aufschreit. Am nächsten Tag fragt sie scheinheilig freundlich: »Na, tut's noch weh?«

So geht das weiter und weiter. Alle Maßnahmen prallen an diesem Kind ab. Dazu kommen Schwierigkeiten mit dem Vater, der ein Waffenfan ist und diverse Gewehre zu Hause aufbewahrt. Er habe sie natürlich eingeschlossen, sagt er fast beleidigt, als ich ihn darauf anspreche. Aber natürlich dürfe Kim auf seinem *Privat*grundstück damit üben. Schließlich sei das ein Sport, es gäbe auch einen Schützenverein, und überhaupt lasse er sich vonseiten der Schule ganz bestimmt nicht sagen, wie er mit seinem Kind oder seinem Hobby umzugehen habe.

An dieser Stelle – nach einem Dreivierteljahr – kapituliere ich und schalte den kinderpsychiatrischen Dienst ein. Kim verbringt vier Monate stationär in einer kinderpsychiatrischen Abteilung. Dort wird auch immer begleitend eine Familientherapie durchgeführt, und zumindest die Beziehung der Eltern scheint davon profitiert zu haben.

Ich habe Kim vor einiger Zeit gesehen; sie wohnt ja im Stadtteil. Sie ist ein großes, ruhiges Mädchen, das sich gern um kleinere Kinder kümmert. Warum nur habe ich immer das Gefühl, einen schlafenden Vulkan vor mir zu haben?

Kim ist für mich ein Beispiel dafür, wie wichtig Elternarbeit ist, um einem Kind helfen zu können. Wenn beide Eltern mehr an einem Strang gezogen hätten, wäre Kims Verhalten vermutlich nicht so eskaliert. So aber war klar: Mutter versuchte sie zu decken, Vater war zu streng, und in diesem Spannungsfeld wuchs ein Kind auf, das lernte: Wer Gewalt hat/ausübt, hat die Macht.

Sehr erschüttert hat mich das Schicksal eines Jungen aus einer meiner früheren Klassen. Der Junge, nennen wir ihn Thomas, hatte leichte Probleme beim Lernen. Aber nichts, was nicht mit einer Förderung hätte aufgefangen werden können. Bereits im ersten Schuljahr zeigte er im Morgenkreis stolz einen blauen Fleck auf dem Oberarm und berichtete, der käme daher, dass er seiner Mutter geholfen hätte, als die vom Vater verprügelt worden war. Ich machte mir innerlich eine Notiz, beim nächsten Elterngespräch darauf zu achten. Die Eltern kamen beide zum Gespräch, wobei die Mutter recht forsch wirkte und vor allem betonte, dass mit ihrem Kind alles in Ordnung sei. Der Vater sagte wenig, ließ aber durchblicken, dass er seinen Sohn für zu weich hielt. Da Thomas durchaus aggressive Verhaltensweisen zeigte, bestand ich auf einer Diagnostik, die die Eltern kategorisch ablehnten. Erst im vierten Schulbesuchsjahr wurden die Auffälligkeiten auch zu Hause so groß, dass nun plötzlich um Hilfe gebeten wurde. Es erfolgte eine Diagnostik, und nur mit viel Mühe konnten wir die Eltern dazu überreden, uns die Ergebnisse zur Verfügung zu stellen. Gegen Ende des Schulbesuchsjahres wurde Thomas immer aggressiver. Es gab keine Pause, in der es keine Schwierigkeiten mit ihm gab, wobei immer die anderen schuld waren.

Eines Tages eskalierte es dann vollends, und zwar an einem Tag, an dem ich nicht in der Schule war. Thomas hatte wieder einen Streit mit einem anderen Jungen, und diesmal teilte er mit, er würde ihn hassen, und er werde ihn umbringen. Die erschrockenen Kolleginnen versuchten mit ihm zu sprechen, was sich aber als nahezu unmöglich erwies. Sein Papa würde auch immer sagen, er müsse einmal etwas Drastisches machen, dann hätten die anderen Jungen Angst vor ihm und somit auch Respekt. Er (der Vater) habe das auch so gelernt.

Wie kann man ohne Mehrfachbesetzung in der Klasse genügend Zeit für so ein Kind aufbringen? Klare Antwort: Man kann es nicht. Man kann ein Kind mit derart massiven Problemen nicht da abholen, wo es steht, wie es so schön heißt, weil man keine Zeit dafür hat. Stattdessen investiert die Politik dann in die spätere Behandlung von straffällig gewordenen Menschen.

Ich bin kein Hellseher, aber ich habe die Vermutung, wenn ein Kind wie Thomas spätestens Anfang des zweiten Schuljahres die Chance gehabt hätte, im Schonraum einer Kleingruppe mit mindestens zwei zuverlässig anwesenden Bezugspersonen zu lernen, wären diese massiven Aggressionen nicht entstanden, und die häusliche Situation hätte besser aufgearbeitet werden können.

Es gibt aber natürlich auch traumatisierte Kinder ohne Gewalt oder Fluchterfahrung. Ich hatte vier Jahre lang ein Mädchen in meiner Klasse, dessen Mutter schwer anorektisch war und immer wieder ins Krankenhaus musste. Dazu kamen massive Depressionen. Das Kind erlebte mehrere Suizidversuche der Mutter mit. Glücklicherweise war sie bei dem letzten nicht dabei, der dann gelang. Diesem Kind im Rahmen einer Regelschulklasse ohne mehrere Bezugspersonen helfen zu können, ist schlechterdings unmöglich.

# FLÜCHTLINGSKINDER

Unterschiedliche Herkunftsländer und Kulturen sind in ihrer aktuellen Dimension neu in Deutschland. Die Eltern und ihre Kinder müssen sich an uns und wir uns an sie gewöhnen. Das geht am ehesten über *Gemeinsamkeiten*. Gemeinsam sind in der Regel Werte wie Achtung und Wertschätzung, unabhängig davon, woher jemand kommt.

Seit einigen Jahren kommen vermehrt Flüchtlingskinder in den Unterricht. Manche sind neugierig, viele sind schwer traumatisiert von den Erfahrungen, die sie auf der Flucht oder in einem vom Krieg heimgesuchten Land gemacht haben. Der Umgang mit diesen Kindern ist von Bundesland zu Bundesland, ja sogar von Schule zu Schule unterschiedlich. Schwören die einen auf einen Vorkurs, damit zunächst einmal Deutsch gelernt wird, so sind die anderen davon überzeugt, dass nur eine sofortige Aufnahme in die Regelschulklasse sinnvoll ist. Erschwerend kommt hinzu, dass die in den Vorkursen eingesetzten Lehrkräfte häufig keine Ausbildung in Deutsch als Zweitsprache haben, manchmal sind es sogar nur studentische Hilfskräfte. Selbstverständlich kann man sagen, dass es genügt, wenn diese nur hinreichend deutsch sprechen. Das ist aber zu kurz gegriffen: Meiner Ansicht nach genügt es eben ganz und gar *nicht*, wenn die Kinder nur Deutsch lernen. Sie benötigen in der Regel auch Hilfe beim Ankommen, beim Bearbeiten von Erlebnissen auf der Flucht und dergleichen. Das kann von einer nicht ausgebildeten Kraft nicht erwartet werden.

Ich habe im dritten Schuljahr ein Mädchen aus Afghanistan in die Klasse bekommen, Ellaha. Sie war noch nie zur Schule gegangen und völlig verschüchtert. Wie ihre Eltern sprach sie nur Paschtu, und ich habe gelernt, wie schwer es ist, einen Dolmetscher dafür aufzutreiben. Nachdem es mir endlich gelungen ist, habe ich erfahren, dass sowohl das Kind als auch ihr Bruder und ihre Eltern Analphabeten waren. Der Vater hatte im Krieg Verletzungen durch Granatsplitter erlitten. Vor allem er wirkte sehr traumatisiert, wozu wohl vor allem beitrug, dass er sich nicht (mehr) als Beschützer der Familie fühlen konnte.

Ellaha zeichnete sich von Anfang an durch eine große Wissbegier aus. In kürzester Zeit erlernte sie Lesen und Schreiben. Inzwischen ist sie im vierten Schuljahr, liest fließend und schreibt alles. In Mathematik ist sie im Zahlenraum bis 100 angekommen und hat das Einmaleins gelernt. Mich fasziniert jeden Tag aufs Neue, mit welchem Feuereifer dieses Kind alles aufsaugt, was es zu lernen gibt!

Wie alle anderen Flüchtlingskinder in Bremen war auch Ellaha für eine gewisse Zeit in einem Deutsch-Intensivkurs. Dort zeigte sie sich wenig lernwillig und eher am Spielen interessiert. Diese Information, die ich von den Kolleginnen des Deutschkurses erhielt, bestärkt mich in meiner Meinung. Ich halte die Deutschkurse offen gesagt für den verkehrten Weg, Kinder an die Sprache heranzuführen. Dort werden sie de facto von den deutschen Kindern abgegrenzt, von denen sie ja im Grunde viel schneller die Sprache lernen könnten. Sie kommen in eine Gruppe, in der dann u. U. auch andere Kinder mit ihrer Sprache sind, sodass die Notwendigkeit, auf Deutsch zu kommunizieren, überhaupt nicht gegeben ist.

Selbstverständlich ist nachzuvollziehen, dass viele Lehrer und Lehrerinnen diese oft schwer traumatisierten Kinder mit ihrem nicht unerheblichen Störungspotenzial lieber in den Vorkursen sehen möchten, weil sie ihnen im Unterricht ohne Unterstützung in der Regel nicht gerecht werden können. Für die *Kinder* aber wäre es besser, anstatt sie in einer Art Gettosituation zu beschulen, wenn sie sofort in eine Regelklasse eingeschult werden würden. Dazu müsste aber regelmäßig eine Hilfskraft im Unterricht anwesend sein. Das muss ja nicht unbedingt eine ausgebildete Lehrkraft sein. Ebenso gut könnten Studenten, Praktikanten u.a. diese Aufgabe ausfüllen. Das bedeutet keinen Widerspruch zu meiner anfangs geäußerten Überzeugung, dass sich Hilfskräfte nicht für den Sprachunterricht eignen. Es bedeutet aber, dass sie als Unterstützer im Unterricht mit ausgebildeten Kollegen sehr sinnvoll zum Einsatz kommen können.

Es geht ja letztlich vor allem darum, dass diese Kinder möglichst rasch integriert werden und Zugang zur Schriftsprache erhalten. Durch Ellaha bin ich in dieser Meinung noch bestärkt worden – die Kolleginnen aus dem Anfangs-Deutschkurs teilten meine Meinung übrigens! In meiner Schule werden wir in Zukunft die Sprachanfänger täglich zwei Stunden im Sprachkurs unterrichten und dann in die Klasse nehmen, damit sie von Anfang an Kontakt mit deutschen Kindern oder deutsch sprechenden Kindern haben. Auf diese Weise kommen sie auch schon frühzeitig mit dem Unterrichtsstoff in Berührung, und das Lernen der Sprache erfolgt über mehr als einen Kanal.

Es gibt aber auch andere Kinder, die weniger bildungsinteressiert sind oder schwerer traumatisiert, und ich habe bislang das Glück gehabt, nur *ein* Flüchtlingskind zu bekommen. Kolleginnen jedoch haben zum Teil bis zu sechs Flüchtlingskinder in unterschiedlichen Stadien der Traumatisierung bekommen. Eines dieser Kinder sitzt nur unterm Tisch – seit einem halben Jahr schon. Eines spricht überhaupt nicht. Die vier anderen sind sehr stimmungslabil und können schon mal die Klasse aufmischen. Unnötig zu erwähnen, dass sie noch keine Schriftsprache kennen ...

In solchen Situationen ist das Arbeiten ohne Doppelbesetzung nahezu unmöglich. Bislang aber haben Forderungen, Bitten, Anträge etc. nichts genützt – es gibt keine Lehrer, heißt es – und die gibt es tatsächlich nicht in Bremen. Viele Stellen werden zur Zeit von Studenten oder Studentinnen besetzt, um den Unterrichtsbetrieb wenigstens einigermaßen aufrechterhalten zu können. Wie man angesichts einer solchen Lage überhaupt noch an den Ausbau von Ganztagsschulen mit ihrem sehr hohen Personalaufwand denken kann, ist mir ein Rätsel. Klar gesagt: Ich finde das verantwortungslos.

# MISSBRAUCHSERFAHRUNGEN

Missbrauchserfahrungen gehen häufig mit Gewalterfahrungen einher. Im vorliegenden Fall habe ich eine Trennung dieser beiden Themenbereiche vorgenommen, weil das Kind, über das ich berichte, nicht von Gewalt betroffen war.

Alexa ist mir bereits vor Schuleintritt dem Namen nach bekannt. Es gibt erhebliche Probleme mit ihr im Kindergarten; Fallkonferenzen sind an der Tagesordnung.

Alexa ist das jüngste von drei Kindern. Ihre beiden Schwestern sind deutlich älter. Ich lerne die Eltern erst bei Schulbeginn kennen und habe einen durchaus positiven Eindruck. Beide kümmern sich sehr liebevoll um ihre Tochter. Alexa hat ein eigenes Zimmer und ist auch sehr stolz darauf. Vom Äußeren her ist sie ein hübsches zierliches Mädchen mit großen Augen und dunklem Pagenkopf. Sie ist immer sehr hübsch angezogen und stolz darauf.

Von den Erzieherinnen in der Kita erfahre ich, dass Alexa gerne andere Kinder ärgert und ihnen wehtut. Sie zerreißt ihre eigenen Mappen, die als Vorübung auf die Schule schon im Kindergarten eingeführt werden, und hält sich an keinerlei Regeln. Kurz vor Schulbeginn soll sie ein Missbrauchserlebnis gehabt haben. Die Eltern haben das Ganze zur Anzeige gebracht, und Alexa hatte Gespräche mit einem Therapeuten. Ich weiß bis heute nicht, wie das Ganze ausgegangen ist. Auf mich macht sie nicht den Eindruck eines traumatisierten Kindes, aber wer kann das schon nach so kurzer Bekanntschaft sagen?

Die ersten zwei, drei Schultage verlaufen unauffällig, und ich beginne, mich etwas zu entspannen. Es ist ja nicht so, dass man von auffälligen Kindern hört und dann zur Tagesordnung übergehen kann. Je nach Grad und Art der Auffälligkeit entsteht auch immer eine gewisse Erwartungshaltung und Anspannung bei der jeweiligen Lehrkraft. Aber immerhin, bis jetzt ist alles ruhig.

Das ändert sich mit Beginn der zweiten Schulwoche. Alexa läuft im Klassenraum herum und stört andere Kinder, indem sie ihnen ein Blatt wegreißt oder sie anstößt, sodass sie sich verschreiben. Sie isst und trinkt während des Unterrichts, zerkratzt ihr Arbeitsblatt und ist wie von Sinnen. Ich nehme ihr nach mehrmaliger Ermahnung ihre Trinkflasche und die Brotdose weg und gebe ihr ein neues Arbeitsblatt. Als sie Anstalten macht, dieses ebenfalls zu zerreißen, teile ich ihr freundlich mit, dass ich noch genügend davon habe und sie dann eben die

Arbeit mit mir in der Pause erledigen wird. Daraufhin setzt sie sich maulend hin und beginnt mit der Arbeit.

Dieses Spiel wiederholt sich in Abwandlungen von nun an täglich. Alexa rennt im Klassenraum herum, pikst andere Kinder mit spitzen Bleistiften, weint und petzt aber, wenn diese zurückpiksen. Sie versucht auf jeden Fall, irgendwie in den Mittelpunkt zu kommen. Nach einigen Tagen kommt sie nach jeder Erklärung zu mir und teilt mit »Ich kann das nicht«, obwohl sie gezeigt hatte, dass sie es kann. Wenn ich sie darauf aufmerksam mache, setzt sie sich mit schelmischem Lächeln wieder hin und schreibt ein, zwei Buchstaben, dann geht das Ganze von vorne los.

Mehrere Gespräche mit den Eltern ergeben, dass diese durchaus ein Interesse daran haben, Alexa von einer niedergelassenen Psychotherapeutin ansehen zu lassen, und ich vermittele ihnen eine Adresse. Die dort stattfindenden Gespräche scheinen ihr auch gutzutun. Sie wird etwas ruhiger, will zwar noch im Mittelpunkt stehen, schafft es aber auch hin und wieder, einige Minuten abzuwarten und nicht mehr so mit allem herauszuplatzen, was ihr in den Sinn kommt.

Nach den Weihnachtsferien aber ist ihr Verhalten schlimmer denn je. Sie stellt sich komplett dumm, fragt unzählige Male nach, was sie tun soll, um dann ein Wort zu schreiben und sich wieder vorzustellen mit der Frage: »Ist das gut so?« Auf diese Weise schafft sie nichts. Eine Nachfrage bei den Eltern ergibt, dass diese die Gespräche bei der Psychologin beendet hatten, weil sie fanden, dass Alexa jetzt wieder in Ordnung sei.

Leider ist aber nichts in Ordnung. An einem Tag kommt Alexa zu mir und teilt stolz mit, sie habe in die Hose gemacht. »Aber nur ein bisschen Pipi!« Die Geruchskulisse spricht andere Worte, und ich lasse sie abholen. Es scheint ihr auch in keiner Weise unangenehm zu sein, was mich erstaunt. Die meisten Kinder schämen sich sehr, wenn ihnen mal so etwas passiert.

Aber ich sehe mich gezwungen zuzugeben, dass ich die Motive für Alexas Verhalten nicht verstehe.

Die Eltern erscheinen insgesamt ratlos. Im Kindergarten sei es noch nicht so schlimm gewesen – der Stützpädagoge hatte etwas ganz anderes gesagt. Alexa tut nichts, obwohl sie kann, isst und trinkt während des Unterrichts und macht konsequent das Gegenteil von dem, was angeordnet ist. Ich sage: Legt eure Bücher in meinen Kasten – und Alexa holt das bereits darin liegende Buch wieder heraus und packt es in ihr Fach/unter den Tisch/in den Ranzen. Das gleiche Spiel funktioniert auch umgekehrt. Nach längerem Nachdenken komme ich zu dem Schluss, dass erstens die Termine bei dem Therapeuten wieder stattfinden sollten und Alexa beim ReBUZ vorgestellt werden sollte. Diese Vorstellung erfolgt allerdings eher, um das Verhalten Alexas aktenkundig und transparent zu machen, als in der Vorstellung, dass ich von dort Hilfe bekomme. Dafür gibt es dort einfach viel zu viele vorgestellte Kinder. Nach einigen Wochen kommt auch eine Psychologin von dort in den Unterricht, um zu hospitieren. Daran anschließend wird sie sowohl das Kind als auch die Eltern zu einem Gespräch einladen. Bei dieser Hospitation zeigt Alexa sich von ihrer »besten« Seite: Sie isst und trinkt während des Unterrichts, nimmt anderen Kindern die Schere oder die Stifte weg (»nur aus Spaß«), kritzelt ihren Tisch voll (»das kann man wieder wegradieren«) und provoziert Erol so lange, bis er ihr eine Ohrfeige verpasst. Natürlich muss ich dazwischengehen, aber ehrlich gesagt: Meine Sympathien sind auf Erols Seite. Und während ich ihm sage, dass Schlagen niemals eine Lösung darstellt, rede und rede ich mit Alexa, um zu versuchen, sie und ihre Handlungsweise zu verstehen. Es gelingt mir jedoch nicht, und ich setze auf Fachleute.

Offenkundig scheint Alexa von diesen von da an in unregelmäßigen Abständen stattfindenden Gesprächen im ReBUZ sowie von der regelmäßigen Therapie bei dem Psychologen sehr zu profitieren. Sie wird insgesamt ruhiger. Es gibt zwar immer noch Schwierigkeiten beim Einhalten von Regeln, aber diese bewegen sich auf normalem Grundschulniveau.

Inzwischen ist sie im 4. Schulbesuchsjahr, und es geht ihr gut. Die Therapiesitzungen sind beendet, und sie kann vollkommen ohne individuelle Ansprache am Unterricht teilnehmen. Ab und an hat sie Probleme mit anderen Mädchen, weil sie dazu tendiert, spontan sehr heftige Abneigungen zu entwickeln und dann auch durchaus zu zeigen. Insgesamt aber hat sie durchaus eine positive Entwicklung während der vier Grundschuljahre durchgemacht.

Vor einigen Jahren erzählte mir eine Kollegin von einem vermuteten Missbrauch bei einem Kind. Sie kam aus einer kurdischen Familie und war das zweitjüngste von fünf Geschwistern. Ein Bruder war schon 20, der jüngste Bruder zwei Jahre alt. Das Mädchen musste permanent zur Toilette. Vermutete sie zuerst noch, dass sie sich langweilte und sich bewegen wollte, so merkte sie dann nach und nach doch, dass Lia tatsächlich so häufig das Gefühl hatte, Wasser lassen zu müssen. Meine Kollegin rief den behandelnden Kinderarzt an und sagte ihm unverblümt, dass sie einen Missbrauch befürchtete. Dieser erwiderte: »Wieso befürchten? Das ist doch wohl deutlich!« Dass die Kollegin aus allen Wolken fiel bei dieser Mitteilung, kann ich gut verstehen. Sie brachte das wohl auch zum Ausdruck, aber er sagte: »Was wollen Sie denn machen? Wissen Sie, wer es ist? Vielleicht der Vater, der Bruder, ein Onkel. Aber egal, wen Sie beschuldigen, er kommt ins Gefängnis, und das Kind läuft sein Leben lang mit dem Gefühl herum, daran schuld zu sein.« Es ist ihr nicht gelungen, Gehör zu finden, und sie hat das dann nicht weiter verfolgt. Aber es hat sie lange verfolgt, und das ist ein Grund, warum sie mit mir darüber gesprochen hat. Nur – was kann man wirklich tun?

# HOCHBEGABTE KINDER

Auch hochbegabte Kinder gehören zu der Gruppe der zu inkludierenden Schüler und Schülerinnen. Dabei ist es nicht immer ganz leicht, hochbegabte Kinder zu identifizieren. Manchmal verstecken sie sich hinter der Maske des Gelangweilten oder irgendwelcher Auffälligkeiten. Ich habe in meinen Klassen mehrmals hochbegabte Kinder gehabt. Eines davon ist mir noch deutlich in Erinnerung.

Aron kam normalalt in die Schule und zeigte sich flippig und an allem interessiert. Am besten aber fand er Fußball, und er spielte sowohl leidenschaftlich als auch gut. Irgendwann nach etwa zwei Monaten Schule kam er zu mir und fragte: »Was ist das, wenn da eine 2 steht und oben dran noch eine 2?«

»Das heißt zwei hoch zwei und ergibt vier«, antwortete ich.

»Dann ist zwei hoch drei sechs?«, fragte er.

»Nein«, erwiderte ich, »zwei hoch drei heißt zwei mal zwei mal zwei und ergibt acht.« – »Okay, dann hab ich's verstanden. Dann ist zwei hoch vier sechzehn und zwei hoch fünf zweiunddreißig«, folgerte er, und mir blieb der Mund offen stehen. Wie sollte ich einem solchen Kind gerecht werden? Ich empfahl den Eltern, ihn bei *Mensa* (Verein für hochbegabte Menschen) testen zu lassen, und er hatte einen unglaublich hohen IQ. Glücklicherweise waren es nicht nur sehr nette, sondern auch sehr vernünftige Eltern. Sie wussten nun, dass ihr Sohn hochbegabt war, und sie fanden, dass er trotzdem seinen Interessen nachgehen sollte. Dazu gehörte Mathematik ebenso wie Fußball, wobei Mathematik für ihn vollkommen selbstverständlich war und Fußball seine große Leidenschaft.

Leider ist das nicht immer so. Manche Eltern reagieren geradezu abnorm und vermuten in ihrem Kind schon den nächsten Einstein, wenn sie die Diagnose *Hochbegabung* hören. Sie suchen nach Kursen, wie sie ihr Kind noch weiter fordern können, wobei Chinesischkurse noch zu den normaleren Angeboten gehören. Dabei haben diese Kinder oftmals Defizite im sozialen Bereich und brauchen deshalb viel dringender eine Förderung im Gruppenverhalten und sozialen Miteinander.

## SIND WIRKLICH ALLE KINDER SINNVOLL INKLUDIERBAR?

In einem anderen Artikel sagt der Schulleiter der Paddstock-Schule für emotionale und soziale Entwicklung in Brake auf die Frage »Was halten Sie von der Abschaffung der Förderschulen?« Folgendes:

»Es gibt sicherlich Schüler, die auch in diesem Schwerpunkt an der Regelschule gut beschult werden können. Aber für andere Schüler ist eine Förderschule einfach die bessere Lösung. Wir sind über alle Maßen voll belegt.« (Uden, U. s.o.)

Und ich denke, dieser Mann hat recht. Man kann nicht alle Kinder über einen Kamm scheren, wie es so schön heißt. Alle Kinder sind unterschiedlich, und man muss ihnen in eben-dieser Unterschiedlichkeit gerecht werden. Es hat nichts mit Ausschluss o.ä. zu tun, wenn man es Kindern ermöglicht, im Rahmen einer Kleingruppe zu arbeiten, wenn sie diese Atmosphäre benötigen. Inklusion bedeutet für mich, jedem Kind nach seinen Bedürfnissen gerecht zu werden.

Inklusion kann jedoch nur dann gelingen, wenn die dafür aufgewendeten Ressourcen stimmen. Das beste Beispiel dafür ist Fabian.

Fabian habe ich nicht selbst unterrichtet. Seine Geschichte wurde mir von einer Kollegin zugetragen, die ich seit langer Zeit kenne und die heute in NRW arbeitet. Er kam vor fünf Jahren in die damalige neue 5. Klasse meiner Kollegin und wurde ihr als »Sorgenkind« angekündigt. Fabian ist Förderschüler, weil er eine beträchtliche Lernschwäche hat. Die Diagnostik, die er in der Grundschule erhielt, ergab, dass er sehr begrenzt lesen und schreiben konnte. Sinnentnehmendes Lesen fiel ihm extrem schwer. Bis heute braucht er extrem vereinfachte, kurze Texte, damit er Inhalte verstehen kann. Rechnen konnte er in den Grundrechenarten relativ sicher. Inhalte, die im Unterricht besprochen wurden, konnte er sich bruchstückhaft merken. Oft baute er aber zwischen die einzelnen Bruchstücke Fantasiegebilde, die mit der Wirklichkeit nichts zu tun haben – beispielsweise hatte er sich in der Unterrichtseinheit »Wüsten« zwar gemerkt, dass man in den meisten Wüsten wenig Pflanzen findet, aber er konnte sich kein Gebiet vorstellen, in dem nichts wächst, also notierte er in der Klassenarbeit, die Pflanzen wüchsen alle unterirdisch.

Fabians Eltern waren ausgesprochen schwierig. Der Vater arbeitete oft lange, die Mutter war mit der Fürsorge für die Kinder überfordert und flüchtete oft für Tage oder auch Wochen zu ihrer Schwester und ließ die drei Kinder – Fabian ist der Mittlere – alleine. In den ersten Wochen der 5. Klasse bemerkte seine Klassenlehrerin, dass Fabian nie alle seine Materialien dabeihatte. Seine Federmappe fehlte regelmäßig. Als er sie endlich einmal mithatte, präsentierte er sie stolz seiner Lehrerin – leider hatte aber niemand daran gedacht, dass in eine Federmappe auch Stifte gehören. Seine Sonderpädagogin verbrachte regelmäßig einen erheblichen Teil seiner Förderzeit damit, mit ihm seine Schultasche zu entmüllen.

Aber Fabians Probleme endeten leider nicht bei einer Lernschwäche oder der Tatsache, dass niemand mit ihm die Schultasche packte. Sehr schnell gewöhnte sich meine Kollegin z.B. an, Fabian nur noch an seinem Tisch zu helfen – weil sie, wie sie mir gestand, den extremen unsauberen Geruch des Kindes nicht aushielt und immer nur kurze Zeit in seinem Dunstkreis sein konnte. Mehrere Elterngespräche zu diesem Thema, die immer sehr mühselig anzuberaumen waren (der Vater konnte grundsätzlich erst nach der Arbeit ab 17:30, die Mutter weigerte sich komplett, mit der Schule zu kooperieren), verliefen ohne Ergebnis. Es ging so weit, dass sie selbst für Fabian eine Zahnbürste besorgte und bereitlegte, damit zumindest sein Mundgeruch in den Griff zu bekommen war.

Ähnlich verfuhr sie schließlich auch mit der Tatsache, dass Fabian niemals ein Pausenbrot hatte und aufgrund der Überforderungssituation der Mutter auch meist ohne Frühstück oder Mittagessen dastand – finanziell geht es der Familie gut. Doch die mitgebrachten Müsliriegel und Brötchen reichten natürlich nicht. Nachdem schließlich Eltern anderer Kinder bei ihr vorstellig geworden waren, weil Fabian mittags bei ihnen stand und nach Essen fragte, vereinbarte sie mit dem Schulhausmeister, der einen kleinen Kiosk betrieb, eine Ausnahmeregelung für Fabian, damit er zumindest dort etwas gratis bekommen konnte. Gleichzeitig schaltete sie die Schulleitung und die Sozialpädagogin der Schule ein, die beide Hausbesuche bei der Familie unternahmen. Zu diesem Zeitpunkt waren also bereits fünf Personen in den Fall einbezogen: Klassenleitung, Jahrgangsleiterin, Sonderpädagogin, Schulleitung, Sozialpädagogin – und das nicht einmal für eine besondere Problemlage, weil das Kind behindert oder gewaltbereit ist, sondern lediglich, um seine Grundbedürfnisse zu erfüllen.

Mitte der 5. Klasse schließlich beschloss die Schule, dass Fabian mehr Hilfe brauchte, als sie bieten konnte. Die Klassenleitung sprach mit der Konrektorin, die für die Vermittlung zwischen der Schule und anderen pädagogischen Stellen zuständig war, und schaltete den Schulpsychologischen Dienst ein.

Es folgten zahlreiche Gesprächstermine, zu denen die Eltern mal kamen, mal absagten, oft die übrigen Beteiligten einfach versetzten. Vereinbarte Ziele wurden nicht eingehalten. Nach wie vor war Fabian schlecht ernährt, schmutzig und katastrophal schlecht ausgerüstet. Immer wieder fehlte er unentschuldigt und wurde dann im Stadtteil aufgegriffen, wo er herumstromerte. Die Eltern quittierten die 26 unentschuldigten Fehltage alleine im 5. Schuljahr mit Schweigen.

Zu Beginn der 6. Klasse riss der Kontakt zum Elternhaus ganz ab. Weder die Anrufe und Mails aus der Schule noch aus dem Büro des Schulpsychologen wurden beantwortet. Fabian indessen ging es zusehends schlechter, und er begann, gezielt die Schule zu schwänzen und sich im Gebäude oder irgendwo im Stadtteil zu verstecken. Er erfand abenteuerliche Geschichten, weshalb er nicht im Unterricht sein konnte – ein Hubschrauber sei vor dem Bahnhof abgestürzt und er habe helfen müssen, oder er habe einen geheimen Auftrag von der Regierung und müsse wichtige Dinge erledigen. Oft steigerte er sich in diese kindlichen Fantasien so hinein, dass er beinahe den Bezug zur Wirklichkeit zu verlieren schien. Zugleich geriet er in der Klasse mehr und mehr zum Außenseiter. Die übrigen Kinder hatten zwar Mitleid mit ihm, aber sein absonderliches Verhalten und nicht zuletzt auch sein permanenter Geruch machten ihn nicht beliebt. Schließlich erfolgte kurz nach den Herbstferien eine Anzeige wegen Kindeswohlgefährdung beim Jugendamt.

Es dauerte, bis endlich ein gemeinsamer runder Tisch mit allen Beteiligten zustande kam. Meine Kollegin berichtet, es sei eine extrem unangenehme Veranstaltung gewesen. Das erste Mal überhaupt bekam sie die Mutter zu Gesicht, die ihrem Sohn extrem ähnlich war – sehr dünn, sehr unsauber und während der gesamten anderthalbstündigen Sitzung permanent tränenüberströmt und völlig außer sich. Der Vater hingegen wirkte geradezu verstockt und beleidigt. Beide schienen es für vollkommen abwegig zu halten, dass irgendjemand im Raum ein ernsthaftes Interesse am Wohlergehen ihres Kindes haben könnte.

Der Fallmanager des Jugendamts jedenfalls setzte zwei Maßnahmen durch, die wegweisend waren. Fabian sollte für die Dauer von drei Monaten in eine ambulante therapeutische Einrichtung kommen, wo er Kontakt zu Gleichaltrigen mit ähnlichen Schwierigkeiten haben und zugleich seine eigenen Probleme bewältigen lernen sollte. Zum anderen wurde der Einsatz einer sozialpädagogischen Familienhilfe vereinbart, die mit der Familie zusammenarbeiten sollte. Bei dieser Art von Hilfe geht es vorrangig darum, der Familie zu helfen, ihre eigenen Abläufe und Kommunikationsstrategien zu optimieren – im Fall von Fabian also um so etwas wie das Packen der Schultasche und die gemeinsamen Mahlzeiten als Familie.

Die drei Monate kamen und gingen. Fabian nahm spürbar zu – vermutlich auch, weil er in der ambulanten Einrichtung essen konnte, so viel er mochte – und erschien plötzlich sauber zum Unterricht. Er war fröhlicher, wacher und weinte nicht mehr so oft. Das Schwänzen hörte komplett auf, allerdings nahm Fabian in dieser Zeit auch nur noch stundenweise am Unterricht teil und war ansonsten in der Einrichtung.

Am Ende der drei Monate schließlich brachte der Vater Fabian morgens in den Klassenraum und sagte meiner Kollegin, sie habe offensichtlich recht gehabt, er erkenne seinen eigenen Sohn kaum wieder. Zugleich vereinbarte er mit ihr einen Termin, damit sie seine neue Familienhilfe kennenlernen sollte, und teilte ihr mit, dass Fabian bis auf Weiteres einmal wöchentlich in einer psychologisch betreuten Jungengruppe bleiben werde.

So weit, so gut. Leider endet Fabians Geschichte hier noch nicht. Wenige Monate später brach sein Verhalten wieder ein. Seine Klassenkameraden begannen allmählich, heftig zu pubertieren, und der sensible Fabian, der vom Verhalten her bis heute eher an einen Grundschüler erinnert, war mit der Situation in einer solchen Gruppe vollkommen überfordert – zugleich war er aber auch außer Stande, zu verbalisieren, was ihm fehlte. Er nahm den einzigen Ausweg, den er nehmen konnte, und begann, erneut zu schwänzen.

Jetzt zeigte sich, dass die Eltern in diesem Fall wirklich etwas gelernt hatten. Es genügte ein Anruf, und es wurde sofort ein erneuter runder Tisch einberufen. Die Eltern bestanden beim Jugendamt auf eine persönliche Assistenz für Fabian, die ihm den Schulalltag erleichtern sollte. Die Schule unterstützte diesen Wunsch ausdrücklich. Seit Beginn der 7. Klasse hat Fabian jetzt eine tägliche Begleiterin, die ihn morgens daheim abholt und den ganzen Schultag über betreut. Seither ist Fabian wieder vollkommen ausgeglichen. Er kann seiner Assistenz, der er vertraut, signalisieren, wenn er nicht mehr kann, und sie kann ihm ermöglichen, schwierige und überfordernde Situationen zu deuten bzw. sie auch zu verlassen, ohne dass er sich der Aufsicht der Lehrkräfte entziehen muss. Die Eltern haben begonnen, sich aktiv in die Elternarbeit einzubringen, und halten seit nunmehr beinahe drei Jahren konstant den Kontakt zur Schule.

Wir stellen also fest, Inklusion kann gelingen, aber was hat dieser eine Fall erfordert?

- unzählige Termine außerhalb der Unterrichtszeit, teilweise in den Abend- oder sehr frühen Morgenstunden, oft von sechs oder mehr Personen zugleich
- Dutzende Aktennotizen und Gesprächsprotokolle, Mails und Elternbriefe, endlose Anrufe
- mehrere Hausbesuche, ebenfalls in der unterrichtsfreien Zeit

Weiterhin waren, wenn wir nur die unmittelbar in den Fall involvierten Fachleute mitzählen, also nicht die Fachlehrkräfte, Eltern, etc., insgesamt elf (!) Personen notwendig, um Fabian langfristig erfolgreich zu inkludieren:

- Klassenleitung
- Jahrgangsleitung
- Schulleitung
- Konrektorin
- Sonderpädagogin
- Sozialpädagogin
- Schulpsychologe
- Jugendamt-Fallmanager
- Psychologischer Betreuer in der Einrichtung
- Familienhelferin
- Persönliche Assistentin

Erwähnte ich, dass wir teilweise schon um eine Doppelbesetzung für *einzelne Stunden* kämpfen müssen?

Wie sollen wir allen Kindern so gerecht werden?

# ERFOLGE IM UNTERRICHT?

Trotz all dieser Probleme gibt es selbstverständlich auch Erfolge. Es gibt sie in Bezug auf das Verhalten, die Entwicklung, das Wissen der Kinder.

Alle Kinder, von denen ich berichtete habe, und auch die, von denen ich nicht berichtet habe, haben in den vier Jahren Grundschulzeit einen enormen Wissenszuwachs erlebt. Möglich ist dies u.a. durch eine permanente Binnendifferenzierung. So arbeite ich zum Beispiel im Fach Deutsch mit Wochen- oder Arbeitsplänen, die speziell auf die Bedürfnisse einzelner Gruppen oder Kinder zugeschnitten sind. Das ist am Anfang eine Menge Arbeit, aber viele Materialien lassen sich modifiziert auch später wieder verwenden. Das bedeutet allerdings nicht, dass man alle vier Jahre die gleichen Arbeitsblätter nimmt, wie manche Eltern vermuten!

Darüber hinaus gibt es durch die Öffnung des Unterrichts eine Vielzahl von Methoden, mit denen das Interesse der Kinder am Lerngegenstand geweckt werden kann. In meiner Klasse ist es zur Zeit die Methode des Lernszenarios: Unter einem Stichwort werden viele verschiedene Aktivitäten subsummiert, von denen die Kinder sich die sie interessierenden aussuchen können.

Zuletzt haben wir das Lernszenario/Thema »Fliegen« behandelt. Die Kinder konnten zwischen verschiedenen Angeboten wählen, wie z.B. Wortfeld »fliegen«, Gestalten der Geschichte vom *Fliegenden Robert* aus dem *Struwwelpeter*, Lesetexte zum Thema Fliegen, Dädalaus und Ikarus, Erarbeiten eines Theaterstücks, Herstellen eines Brettspiels, Erfindungen dazu von Leonardo da Vinci, Lesetexte aus Bilderbüchern oder Basteln von Fliegern nach Anleitung. Die einzelnen Angebote waren zum Teil nach Leistungsmöglichkeiten differenziert. Die Kinder waren mit großer Begeisterung bei der Sache und fragen schon nach dem nächsten Thema. Wenn es einem Lehrer gelingt, auf diese oder eine andere Art und Weise die Lust am Lernen bei den Kindern zu wecken, ist das tatsächlich wie ein Hauptgewinn! Auch in Mathematik arbeite ich mit weitgehender Differenzierung bis hin zu Einzellehrgängen für Ellaha oder die Kinder mit sonderpädagogischem Förderbedarf. Auf diese Weise haben fast alle Kinder den Mathematikstoff der Grundschule geschafft!

Fächer wie Sachunterricht, Kunst, Sport und Musik haben per se einen recht hohen Motivationscharakter, und das ist gut so.

Das Wichtigste, was ein Lehrer, eine Lehrerin den Kindern in der Grundschule vermitteln kann, ist die Lust am Lernen. Kinder, die Spaß haben, sind interessiert und fragen nach. Die natürliche Neugier erleichtert ihnen den Zugang zu manchmal auch schon recht komplexen Themen.

Es ist mir in meinen Klassen fast immer gelungen, ungefähr der Hälfte der Kinder eine uneingeschränkte Gymnasialempfehlung geben zu können. Das ist in Klassen mit einem so hohen Prozentsatz von »verhaltensoriginellen« Schülern und Schülerinnen schon besonders.

Die eingangs erwähnten Erfolge gibt es also in Bezug auf die Kinder. Es gibt sie leider (noch) nicht in Bezug auf die Ausstattung der Schulen. Ich las heute in der Tageszeitung, dass man »endlich« wegkomme von Tafel und Kreide und die Schulen technisch ausstatten wolle. Für meine Begriffe ist dies das Unwichtigste. Es kann nicht darum gehen, die technische Ausstattung der Schulen zu forcieren. Ich gebe allerdings zu, dass das trotz aller damit verbundenen Kosten immer noch billiger sein dürfte als die Ausstattung der Schulen mit Personal, u.a. auch deshalb, weil die Hardware mit einer einmaligen Ausgabe verbunden ist, während Menschen »kosten«, und zwar auf Dauer. Wenn ich so etwas lese, habe ich stets das Gefühl, dass damit beim Leser der Eindruck erzeugt werden soll: Seht her, wir tun doch was! Nur leider ist es so, dass das Falsche getan wird, wobei man aber vom Laien bedauerlicherweise nicht erwarten kann, dass er das sieht.

Es ist nicht so, dass ich Technik grundsätzlich ablehne. Auch ich arbeite mit den Kindern am Computer, soweit dies möglich ist. Bevor wir aber flächendeckend Whiteboards und Tablets anschaffen, sollte meiner Ansicht nach erst die personelle Grundlage für die Möglichkeit, damit zu arbeiten, geschaffen werden.

# 3. KAPITEL

# PROBLEM-FELD 2

## ELTERN

Als ich mein erstes Schuljahr bekam, bekam ich naturgemäß zu den 23 Kindern auch Eltern dazu. Im Gegensatz zu den Kindern sind die Eltern häufig am Anfang sehr misstrauisch. Mittlerweile habe ich gelernt, das zu verstehen: Plötzlich ist da noch eine weitere Autorität neben der elterlichen, die für die Kinder relevant ist.

»Mama, Frau X hat mir das aber so gezeigt, und dann mach ich das so und nicht wie du!« – das ist ein Satz, mit dem man erst einmal fertig werden muss, beinhaltet er doch nicht mehr und nicht weniger als eine »Entthronung«: Mama ist plötzlich nicht mehr immer die Hauptperson – zumindest empfinden viele Eltern das so. Natürlich kann man argumentieren, dass das ja auch schon im Kindergarten vorkommen könnte, und das tut es sicher auch manchmal, aber nicht in der Häufigkeit und mit der Bestimmtheit wie im ersten Schuljahr.

Dazu kommen die natürlichen Animositäten: Manchmal stimmt die Chemie einfach nicht, und dann können vier Grundschuljahre für alle Beteiligten sehr lang und anstrengend sein. Oft glauben Eltern, die Lösung läge in der Querversetzung in eine andere Klasse. Ich weiß nicht, wie oft in den letzten Jahren Eltern aus anderen Klassen zu mir kamen und fragten, ob ihr Kind nicht zu mir wechseln könne, weil es mit der jetzigen Lehrkraft so gar nicht zurechtkäme. Und ebenso oft waren auch Eltern bei mir, die meinten, bei der Kollegin wäre es bestimmt alles viel einfacher für ihr Kind. Ich bin immer wieder erstaunt über solche Eltern, die sich so gar nicht im Klaren darüber zu sein scheinen (oder schlicht ignorieren), dass dieser Wunsch immer auch eine nicht unerhebliche Kränkung für die jeweilige Lehrkraft darstellt. In der Regel ist es ja so, dass die Chemie auf beiden Seiten nicht stimmt, und ich will nicht abstreiten, dass der Gedanke an eine Querversetzung eines besonders störenden Kindes manchmal sehr verführerisch sein kann. Aber

– und das ist bedeutsam – eine Querversetzung wird von jeder Lehrkraft auch als persönliches Versagen empfunden, und bei jedem Problem mit Eltern fragt sich der Lehrer, die Lehrerin natürlich auch, was sie anders machen können. Und meistens lautet die Antwort leider: Nichts.

Ich habe das selbst erlebt, als ich zu Beginn meiner Arbeit als Lehrerin ein iranisches Kind in die Klasse bekam. Der Junge, nennen wir ihn Reza, sprach perfekt deutsch, war hübsch, charmant und sehr fantasiebegabt. Er machte nie Hausaufgaben, und wenn ich sage nie, dann ist das genauso gemeint. Gleichgültig, welche Verrenkungen ich anstellte – Elternkontakt, Nachsitzen, etc. –, Reza tat zu Hause nichts. Irgendwann schlug ich dann von mir aus eine Parallelversetzung vor, weil ich das Gefühl hatte, ich machte etwas verkehrt, und nicht darauf kam, was ich anders machen konnte. Die Kollegin der neuen Klasse war einfach nur konsequenter als ich: »Reza, du hast keine Hausaufgaben? Dann kannst du leider nicht mitkommen auf den Ausflug. Schade.« Reza war erstaunt. »Aber wir gehen doch jetzt gleich los. Da kann ich doch keine Hausaufgaben mehr machen!« – »Nein«, sagte die Kollegin freundlich, »die hättest du auch gestern zu Hause machen sollen. Macht ja nichts, wir unternehmen ja noch häufiger etwas. Und wenn die Hausaufgaben immer vorliegen – und ich meine *immer* –, dann kannst du natürlich gerne mitkommen. Ich würde mich freuen.« Von da an machte Reza Hausaufgaben, und ich hatte etwas dazugelernt.

In solchen Fällen wäre es gut, wenn die Schule eine Supervisionsmöglichkeit zur Verfügung stellen kann. Leider gibt es das noch viel zu wenig. An meiner jetzigen Schule wird einem Wunsch nach Querversetzung in der Regel nicht nachgegeben, u.a. auch, weil die Kinder dann meistens noch verunsicherter sind als vorher. Dazu kommt noch, dass der Wunsch nach einem Wechsel der Klasse durchaus häufiger von den Eltern als von den Kindern kommt, und es kann nicht primäres Ziel sein, dass die *Eltern* in der Schule glücklich sind. Darüber hinaus ist die Überlegung, was die Kinder lernen würden, wenn man dem Wunsch nach Klassenwechsel nachgäbe. Und die Antwort lautet: Sie lernen, dass man vor einem Problem am besten wegläuft. Das aber kann nicht das Ziel sein.

Es gibt aber glücklicherweise auch diejenigen Eltern, die sich freuen und sagen: »Gut, dass mein Kind sich in der Schule wohlfühlt und seine Lehrerin mag«, und die sind in der Überzahl. Und es gibt jene Eltern, die tatsächlich *helfen* wollen – bei Schulveranstaltungen, aber auch im Rahmen des normalen Unterrichts, als LesehelferIn oder Ähnliches. Auf diese freiwilligen Hilfskräfte kann die Grundschule von heute meiner Meinung nach nicht mehr verzichten. Jeder weitere Erwachsene im Klassenraum – bis zu einer Anzahl von maximal vier – bedeutet mehr Zeit für Zuwendung zu einzelnen Kindern, und das ist das A und O in der Grundschule. Dabei muss natürlich darauf hingewiesen und geachtet werden, dass diese Eltern keine Informationen über andere SchülerInnen nach außen geben. In der Regel funktioniert das aber gut. Die meisten Kinder finden es schön, wenn ein Eltern- oder Großelternteil mit in die Schule kommt.

Ich habe aber auch gelernt, dass einige Regeln unumgänglich sind. So ist es bei mir so, dass die BesucherInnen jedem Kind helfen dürfen, aber *nicht* dem eigenen. Das dient dazu, dass alle Kinder von der Hilfe profitieren, auch diejenigen Kinder, deren Eltern arbeiten müssen und darum keine Zeit für solche Besuche haben. Außerdem mache ich deutlich, dass es sich um Hilfe für die Kinder handelt. Letztlich hängt die Effektivität solcher Hilfe aber auch von der Vorbereitung der jeweiligen Lehrkraft ab.

Die Zusammenarbeit mit den Eltern von Förderkindern stellt dabei stets eine besondere Herausforderung dar. Manche Eltern haben Angst davor, dass ihr Kind in irgendeiner Weise

»abgestempelt« wird, und erlauben keine vernünftige Diagnostik. In Bremen ist der Elternwille entscheidend. Stimmen die Eltern bestimmten Tests oder Förderungen nicht zu, dürfen sie von schulischer Seite aus nicht durchgeführt werden. Ich halte durchaus viel von Datenschutz, aber wenn er so weit geht, dass hinzugezogene Institute wie z.B. das ReBUZ mit den Lehrerinnen nicht über ihre Ergebnisse bei bestimmten Kindern sprechen dürfen, wenn die Eltern nicht ausdrücklich zustimmen, dann läuft da etwas vollkommen falsch. Eine solche Diagnostik ist sinnlos, weil sie für die Erstellung von zielgerichteten Maßnahmen nicht nutzbar ist.

Ich habe selbst erlebt, dass Eltern eine Diagnostik für ihr sehr auffälliges Kind in Klasse 1 und 2 ablehnten (»So ist er nur in der Schule, zu Haus ist er ganz anders!«). In Klasse 3 waren sie bereit zu einem Besuch des Kinderzentrums, ohne uns jedoch die Ergebnisse mitzuteilen. Im 4. Schuljahr zeigte sich, dass das Kind nunmehr so auffällig und vor allem aggressiv geworden war, dass die Eltern zu Hause auch nicht mehr mit ihm zurechtkamen. Nun forderten sie lauthals Unterstützung und sofortiges Handeln vonseiten der Schule. Ich gebe zu, es fällt mir in solchen Momenten äußerst schwer, nicht zu sagen: »Hätten Sie einer Diagnostik früher zugestimmt, hätten wir vielleicht schon eine Verbesserung erreichen können.«

Ich stehe diesem Diktat des Elternwillens ausgesprochen ambivalent gegenüber. Auf der einen Seite finde ich es notwendig, dass (wir) Lehrer nicht alles machen können, was wir wollen – und schwarze Schafe gibt es nun mal überall. Auf der anderen Seite finde ich es unglaublich zeitintensiv, manche Eltern von der Notwendigkeit einer Maßnahme, sei es nun Diagnostik oder Förderung, überzeugen zu müssen. Manchmal überlege ich, dass man auch Lehrern ein bisschen Fachwissen zutrauen kann, und würde mir wünschen, dass man sie nicht ständig infrage stellt.

Da aber der Elternwille nun mal entscheidend ist, müssen wir uns diesem beugen bzw. versuchen, in Gesprächen die Eltern von der Notwendigkeit zu überzeugen. In meinem letzten Schuljahr war es so, dass nur ein Elternpaar eines Förderkindes recht misstrauisch war. Erst als sie selbst an den Hausaufgaben sahen, welche Probleme ihr Kind hatte, waren sie bereit, eine Diagnostik zu erlauben. Da war aber auch schon viel Zeit vergangen.

All diese Zweifel führen dazu, dass LehrerIn viel Zeit investieren muss, um Überzeugungsarbeit zu leisten. In der Grundschule arbeiten die Bremer Lehrer 28 Wochenstunden. Darin sind solche Gespräche, Termine und Elternabende nicht enthalten, ebenso wenig wie die staatlich verordneten »Präsenszeiten«, bei denen einmal pro Woche alle Lehrkräfte gemeinsam drei Stunden am Nachmittag in der Schule anwesend sein müssen.

Die folgenden Erfahrungsberichte erzählen natürlich auch von den Kindern – oft stehen sie sogar im Fokus –, aber letztlich geht es hier zentral um die negativen und positiven Einflüsse, die vom Elternhaus ausgehen.

# DESINTERESSIERTE
# ODER ABLEHNENDE ELTERN

Manche Eltern haben auch Vorstellungen von der Schule und darüber, wie ihr Kind leben und lernen soll, die der Realität nicht annähernd entsprechen. So war es bei der Mutter von Beliz.

Beliz war ein syrisches Kind, dessen Eltern schon länger in Deutschland waren. Alle sprachen hervorragend deutsch, und sowohl Vater als auch Mutter waren in anspruchsvollen Berufen tätig. Dennoch war es vor allem die Mutter, die sich für Beliz eine »glückliche Kindheit« wünschte. Nun kann man diesen Begriff sehr unterschiedlich interpretieren, und während ich davon ausging, dass dazu u.a. auch Freude am Lernen gehören könnte, waren es für Mutter und Tochter ausschließlich Äußerlichkeiten, die wichtig waren. Beliz kam stets sehr »overdressed« in den Unterricht, mit Lackschuhen und weiten, schwingenden Röcken. Sie war tatsächlich ein sehr hübsches Kind, mit großen braunen Augen und langen Ringellocken. Leider war sie sich dessen auch sehr bewusst, und wenn sie sprach, war dies immer begleitet von Augenaufschlägen und Locken-um-den-Finger-Drehen. Ich vermute, dass sie eigentlich auch tatsächlich recht intelligent war, aber sie hatte keinerlei Ehrgeiz, dies zu zeigen. Von Anfang an hatte sie große Probleme in allen Fächern, und sie zeigte auch deutlich, dass sie alles als völlig unter ihrer Würde empfand. Mathematik interessierte sie nur so weit, wie sie Aufgaben lösen konnte, ohne sich anzustrengen, und Lesen und Schreiben waren ihr vollkommen gleichgültig.

In Gesprächen legte ich den Eltern nahe, täglich abends zehn Minuten mit ihr zu lesen, und gab ihnen geeignetes (einfaches) Übungsmaterial mit.

Nach zwei Wochen berichtete der Vater, dass dies völlig unmöglich sei, denn Beliz mache jedes Mal großes Theater, sei in Tränen aufgelöst, schrie, sie könne das nicht und wolle das nicht. Seine Frau sei auf Beliz' Seite, und wenn er eingreife, eskaliere die Situation regelmäßig zum schönsten Familienkrach, bei dem dann alle nicht mehr miteinander sprachen und die Frauen nur noch weinten. Sämtliche Interventionen blieben erfolglos.

In einem Gespräch sagte mir die Mutter, ihr würde es völlig genügen, wenn Beliz hübsch und glücklich sei, alles andere sei zweitrangig. Alle Appelle, auch an sie und ihre eigene Karriere, verpufften vollkommen wirkungslos.

Geendet hat das Drama Anfang des 2. Schuljahres, als der Vater bei mir erschien und mitteilte, sie würden Beliz jetzt in eine Waldorfschule geben, denn noch ein solches Jahr würden sie alle nervlich nicht überstehen. Er machte auch deutlich, dass er mit der Entscheidung nicht recht glücklich war, aber dass das Interesse am Familienfrieden letztlich überwog. Das kann ich gut verstehen. Um das Kind tut es mir leid, aber letzten Endes muss Beliz in der Umgebung glücklich sein, in der sie aufwächst, und wenn die Werte und Normen dort so anders sind, muss man es letzten Endes, wenn auch zähneknirschend, akzeptieren. Und vielleicht ist eine solche Schule mit sehr anderen Schwerpunkten für ein Kind wie Beliz eine gute Lösung.

Es gibt aber leider auch Kinder, für die keine Lösung gefunden werden konnte. Ein solches Kind ist Saskia, weil ohne die Mitarbeit der Eltern alle Maßnahmen, die Schule so leisten kann, wenig produktiv sind.

Saskia ist als unauffälliges Kind eingeschult worden. Umso erstaunter bin ich, als ich eine unglaubliche Aggressivität an ihr feststelle, die sich sowohl gegen andere als auch gegen sich selbst richtet. Saskia tritt andere Kinder, kneift und beschimpft sie. Besonders auffällig ist ihre Neigung, zuzubeißen bis aufs Blut – und zwar auch sich selbst. Ihre Fingernägel kaut sie ab, bis sie blutig ist, zerkaut ihre Pulloverärmel und ihre Stifte.

Ich versuche rasch einen Elternkontakt herzustellen. Dies ist aber nicht so einfach wie gedacht. Als ich endlich einen Termin gemacht habe, erscheint die alleinerziehende Mutter zum Gespräch. Saskias Mutter leitet das Gespräch ein, indem sie sich bei mir entschuldigt. Sie wisse auch nicht, warum die Welt mit diesem Kind gestraft worden sei. Saskia sei einfach völlig unmöglich. Ich bin einen Moment lang sprachlos. Schließlich frage ich, was sie an ihrer Tochter möge. Sie sagt schlicht: »Eigentlich nichts im Moment. Aber als Baby war sie schon niedlich.«

Wir vereinbaren, dass Saskia dem ReBUZ vorgestellt wird und wir engmaschig im Kontakt bleiben. Das stellt sich als nicht so einfach heraus, denn naturgemäß kommen Eltern von Kindern mit Problemen nicht gerade gern zu Gesprächen. Hausbesuche wünschen sie aber auch nicht. Saskias Mutter ist ihre Tochter aber so peinlich, dass sie diese Hilfe ohne Weiteres akzeptiert. Unglücklicherweise interessiert sie sich nicht ausreichend für ihre Tochter, um mit den Psychologen zusammenzuarbeiten.

Saskias Verhalten jedenfalls profitiert nicht davon. Eines Tages habe ich eine Schulpsychologin zum Hospitieren wegen eines anderen Kindes in der Klasse, als Saskia genau dieses Kind aus heiterem Himmel so heftig in die Hand beißt, dass es stark zu bluten beginnt.

Nach der Versorgung der Wunde kümmere ich mich um Saskia. Ich sehe sie nur schweigend an, eigentlich fehlen mir auch die Worte.

»Na und?«, sagt sie dann pampig. »Wenn der immer so blöd glotzt!« Ich versuche ihr zu verdeutlichen, dass eine solche Wunde wehtut, dass man niemanden nur wegen eines Blickes angreifen darf, aber nichts davon erreicht sie. Saskia fühlt sich – zumindest nach außen – im Recht. Das ändert sich, als ich nach Rücksprache mit der Schulleitung die Mutter anrufe und sie auffordere, Saskia abzuholen. Sie wird für den Rest des Tages und einen Folgetag vom Unterricht suspendiert.

Als die Mutter in den Klassenraum kommt, läuft Saskia ihr vor Wut weinend entgegen und informiert ihre Mutter, sie sei überhaupt gar nicht schuld. Die Mutter indessen ignoriert ihre weinende Tochter völlig, schiebt sie beiseite und kommt zu mir. Sie ist in erster Linie ärgerlich über den Tag Unterrichtsverbot, weil sie findet, so schlimm sei das ja nun auch wieder nicht, und dann gleich so eine Strafe sei doch völlig überzogen, und überhaupt, was solle sie denn den ganzen Tag zu Hause mit ihrer Tochter machen. Wie tief denn die Wunde des anderen Kindes sei, ob sie diese mal eben sehen dürfe. Ich schlage ihr diesen Wunsch ab und versuche ruhig zu bleiben, obwohl ich innerlich Schwierigkeiten habe, weil meine Wut und meine Empörung mit meiner Professionalität ringen. Am Abend ruft sie mich an und beschimpft mich wüst. Ob mir überhaupt klar sei, was das für sie bedeute, wenn sie sich jetzt mit der Unterbringung von Saskia befassen müsse. Dass es völlig normal sei, dass es mal zu Rangeleien komme – ihre Tochter sei schließlich auch dauernd blutig und voller blauer Flecke (dass Saskia sich permanent selbst verletzt, ignoriert sie konsequent). Wir Lehrer machten es uns eben leicht, und sie müsste nun sehen, was sie mit Saskia anfangen solle.

Erfreulicherweise stellt Saskia im Laufe der Grundschuljahre ihre Neigung zum Beißen allmählich ein. Weniger erfreulich ist, dass sie sich stattdessen angewöhnt, ständig und mit großer Kraft zu treten. Da Saskia dabei bleibt, anderen Kindern wehzutun, muss ich sie an einen Einzeltisch setzen. Ich finde diese Maßnahme nicht sehr glücklich, weil ich der Ansicht bin, dass sie Verhalten in Gruppen lernen muss, aber die anderen Kinder haben auch ein Recht auf Schutz, und das kann ich mit Saskia an einem Gruppentisch nicht gewährleisten. Am Sportunterricht kann sie gar nicht mehr teilnehmen, weil sie viel zu aggressiv ist. Die Spiel- und Betreuungsstunden kann sie ebenfalls oft nicht wahrnehmen, weil sie andere Kinder so oft so massiv verletzt, dass die Sicherheit der anderen Kinder nicht mehr gewährleistet werden kann. Wir führen Gespräche, Gespräche, Gespräche … Die Kollegin vom Zentrum für unterstützende Pädagogik schaltet sich ein, stößt aber auf völlig taube Ohren.

Saskia hält sich an keine Absprache. Die Mutter hospitiert im Unterricht, und ihr Kind geht ihr sichtlich auf die Nerven, obwohl Saskia sich an diesem Tag vergleichsweise zivil benimmt.

In der Klassensituation ist Saskia für alle Anwesenden unerträglich. Bevorzugt tritt sie gegen die Tischbeine anderer Kinder, wenn diese gerade schreiben – es sei denn, es ist für sie gerade verführerischer, das Kind direkt zu treten. Bei gemeinsamen Bastelaktivitäten kann ich Saskia nur weiträumig von den anderen trennen, weil ihr mit einer Schere nicht über den Weg zu trauen ist. Bei weniger gefährlichen Aktivitäten ist Saskia trotzdem extrem anstrengend für alle in ihrer Nähe.

Beispielsweise backen wir traditionell im Advent. Im 1. Schuljahr ist das immer sehr aufregend, nicht nur für die Kinder. Trotz der Aufforderung, nur den Teig auf den Tisch zu legen, öffnet Saskia alle mitgebrachten Dekomaterialien, kippt sie (versehentlich) um, sucht die Teile auf dem Fußboden, weigert sich, Teig abzugeben … – macht, was sie will. In der Folgestunde arbeiten alle Kinder an Wochenplänen, Saskia packt ihren ein. Als ich es bemerke und sie auffordere, ihn wieder rauszuholen, schmollt sie.

Die Kontakte zur Mutter bleiben vollständig fruchtlos. Die nächste persönliche Begegnung mit Saskias Mutter habe ich im Januar, nachdem bereits mehrere Wochen kontinuierlicher Störungen von Saskia ausgingen. An einem Tag wird sie von der Mutter gebracht. Diese teilt mit, dass Saskia am nächsten Tag nicht zur Schule kommen wird. Auf meine Frage nach dem Grund erwidert sie, dass Saskia einen Arzttermin habe. Ich sage ihr, dass diese Termine ja nur eine Viertelstunde dauern und sie Saskia davor und danach (der Termin ist um 9.45 Uhr) in die Schule bringen solle; außerdem könnten solche Termine auch nachmittags wahrgenommen werden. Die Mutter lehnt das ab und sagt, das würde sie wohl nicht schaffen.

Dann fragt sie nach Saskias Verhalten, und ich teile ihr mit, dass es so geblieben sei und die Situation sehr problematisch wäre. Sie reagiert erstaunt und sagt, Saskia sage ihr täglich, dass alles gut gewesen sei. Ich lehne eine weitere Diskussion ab mit der Begründung, dass ich das an einem Termin und nicht zwischen Tür und Angel besprechen möchte. Daraufhin sagt sie, sie erführe ja auch nichts, weil sie von mir keine Rückmeldungen erhalte. Das trifft teilweise zu, weil ich es während der Schulzeit nicht immer schaffe, ihr etwas aufzuschreiben. Bis Saskia ihr Heft »gefunden« und mir gegeben hat, sind schon wieder tausend Dinge zu regeln. Einen Brief mitzugeben hat sich als nicht erfolgreich erwiesen, dieser kommt häufig nicht an. Ich verweise auf den zeitnah liegenden Elternsprechtag, wenn die Mutter keine andere Zeit finden könnte.

Den Termin könne sie ohnehin nicht einhalten, sagt die Mutter, der müsste geändert werden. Sie hätte noch einen Termin vorher. Ich erkläre ihr, dass dieser Termin durch das Zusammenarbeiten mit der Sonderschulkollegin entstanden sei, die auch noch in anderen Klassen Termine habe, und dass es deshalb nicht möglich sei, den Termin zu verlegen. Daraufhin geht sie zur Schulleitung, um sich zu beschweren, ich würde mich weigern, mit ihr zu sprechen und ihr einen Termin zu geben. Sie hinterlässt eine Handynummer dort, und meine Schulleitung bittet mich, über diese Nummer einen neuen Termin zu vereinbaren. Ich rufe die Nummer mehrfach an, die Mutter geht nicht ran. Am nächsten Tag steht sie erneut bei der Schulleitung und schimpft, ich wolle wohl nicht mit ihr sprechen. Schließlich wird ein Termin für den Abend vereinbart, was für mich zwar bedeutet, dass ich bis weit nach Dienstschluss in der Schule bleiben muss, aber Saskia zuliebe mache ich das. Ich bin allerdings nicht überrascht, dass die Mutter zum mühsam vereinbarten Termin nicht kommt. Eine Absage bekomme ich erst nachträglich.

Die Erzieherinnen in Ausbildung aus den umliegenden Kitas kommen, um zu hospitieren. Saskia fehlt, was sie bedauern, weil sie das Kind gern in Aktion gesehen hätten. Die begleitende Gruppenleitung und die Praktikantin bestätigen, dass es bereits im Kindergarten große Probleme mit Saskia und ihrer Mutter gegeben habe. Saskia habe immer negative Aufmerksamkeit gesucht. Es habe viele Gespräche mit der Mutter gegeben, in deren Verlauf sie auch gesagt haben soll, dass sie ihr Kind nicht mag. Das Kind würde weitestgehend abgeschoben: Morgens in die Schule, anschließend in den Hort, und dann würde sie von einer jüngeren Schwester der Mutter abgeholt, die sie bis gegen 18 Uhr beaufsichtige.

Was macht nun diese Art von elterlichem Desinteresse und Lieblosigkeit mit einem Kind? Nun, in Saskias Fall sieht es in den nächsten Monaten folgendermaßen aus:

Saskia verweigert das Lesen. Sie kramt unterm Tisch herum, reagiert nicht auf Ansprache. Macht, was sie will, streitet sich mit anderen Kindern. Mit ihren Matheaufgaben kommt sie sehr häufig zu der Praktikantin, die wir seit November haben. Diese ist ein Geschenk des Himmels, sehr umsichtig und tatkräftig. Sie erklärt Saskia mehrfach die Aufgaben, aber Saskia möchte nicht allein arbeiten. So setzt sie sich schließlich zu ihr an den Tisch, und dann geht es auch. Im folgenden Sportunterricht verhaut Saskia ein anderes Mädchen mit einem Hockeyschläger.

Am folgenden Tage erfahre ich von den Betreuungskräften, dass sie Saskia zu zweit festhalten mussten, um sie davon abzuhalten, auf andere Kinder loszugehen. Einen Anlass dafür konnten sie nicht ausmachen.

Ausflug ins Kino. Nachdem Saskia die Betreuungsstunde des Vortages in einer 4. Klasse verbracht hat, frage ich sie, ob sie mitkommen will und ob ich mich auf sie verlassen kann. Beides bejaht sie, und es geht auch gut bis zum Kino. Da weint sie und ist völlig aufgelöst, weil »alle« Popcorn haben – was nicht zutrifft – und sie kein Geld dabeihat. Die anderen Kinder weigern sich, ihr etwas abzugeben, weil sie diese immer tritt und beißt. Dann findet sich ein Kind aus der Parallelklasse, dem das noch nicht zu oft passiert ist und das bereit ist, neben Saskia zu sitzen und ihr etwas abzugeben.

Nach dem Kino beginnt Saskia bereits an der Bushaltestelle, ein anderes Mädchen zu treten und zu schubsen. Auf meine Rufe reagiert sie nicht. Ich halte sie schließlich am Arm fest und frage, warum sie das tue. Sie sagt: »Die guckt immer so blöd.« Ich teile ihr mit, dass ich nicht zulassen werde, dass sie andere Kinder tritt und sie nun in eine andere Klasse gehen wird. Sie fängt an zu weinen und zu schreien, dass sie das nicht will, ist total bockig und trotzig. Bis zur Schule behalte ich sie neben mir. Als ich sie ins Schulgebäude bringen will, schmeißt sie sich auf die Erde. Ich muss sie den ganzen Weg in die Klasse herüberziehen. Ich rufe die Mutter an und bitte sie, ihr Kind abzuholen. Gleichzeitig spreche ich eine Suspendierung für die letzten beiden Stunden aus und teile der Mutter mit, dass ihr Kind so nicht beschulbar ist.

Am folgenden Tag ist Saskia wieder da, keine Mutter dabei. Im Laufe der ersten Stunde entschuldigt sie sich für ihr Benehmen vom Vortag. Am Schluss des Tages wird sie mir ein Bild malen.

Ab 10 Uhr sind alle Kinder wegen der Aktion »Bremen räumt auf« in der Pausenhalle. Saskia sehe ich in der Mitte einer Bank sitzen. Da ich sicher bin, dass das nicht gut gehen wird, hole ich sie zu mir. Sie sitzt zunächst sehr steif neben mir; im Laufe der Zeit legt sie ihren Kopf immer wieder mal versuchsweise auf meine Schulter, wie um zu probieren, was passieren wird. Ich lege ihr irgendwann den Arm um die Schultern und habe das Gefühl, dass sie ein sehr unglückliches Kind ist und dringend Hilfe braucht. Nur – eigentlich braucht die ganze Familie Hilfe. Solange die Mutter ihr Kind nicht lieben kann, wird jede von außen kommende Unterstützung letztlich nur eine Prothese sein. Dennoch wäre es gut, wenn ich mehr Zeit für Saskia hätte …

Kurz danach im Klassenraum wirft sie mit Bechern nach Erol, weil der »geguckt« habe. Am Mittag telefoniere ich mit der Erziehungsberatungsstelle. Meine Gesprächspartnerin dort zeigt sich über meine Schilderungen sehr überrascht. Die Mutter hatte dort berichtet, sie habe Probleme mit Saskia zu Hause, und über die Schule wisse sie nicht viel, es gäbe Probleme. Aber auf die Frage, welcher Art die seien, hat sie anscheinend geantwortet, dass Saskia vermutlich träumt. Die wahren Begebenheiten hat sie nicht erzählt, sodass die Erziehungsberatung jetzt im Team überlegen wird, ob sie das Jugendamt mit ins Boot holen und wie das weitere Vorgehen sein kann.

Saskia ist in den folgenden Wochen gereizt und drangsaliert andere Kinder. Mir gegenüber sucht sie verstärkt nach Nähe, will kuscheln und zeigt sich streckenweise einsichtig. Sie verhält sich teilweise so, als ob sie meine »Unterstützung« gegen den Rest der Welt wäre. An einem anderen Tag streitet sie sich mit allem und jedem, sogar mit ihrer besten Freundin Eda, die so genervt ist, dass sie gern woanders sitzen möchte. Sie tritt und beißt täglich um sich. Die Kinder an Saskias Tisch beschweren sich lautstark. Saskia hat ihren eigenen Tisch über und über mit Bleistift bemalt und dann angefangen, auch den Tisch von Philip und dessen Heft zu bekritzeln. Die Kinder wehren sich, und ich gehe an den Tisch. Dort hat Saskia inzwischen bei dem Versuch, ihr Kunstwerk zu zerstören, die Tische unter Wasser gesetzt, mittendrin schwimmen Hefte und anderes. Ich versuche mit ihr zu reden, bin aber im Grunde genommen sprachlos und weiß nicht, wie ich noch reagieren soll. In der Pause kommt sie mit Eda und sagt »Entschuldigung«, aber auf die Frage, wie sie den Schaden gutmachen will, weiß sie keine Antwort. Ich schreibe den Vorfall in ihr Mitteilungsheft. In der folgenden Stunde steht Saskia auf und haut Marek ihren Hefter auf den Kopf. Auf die Frage nach dem Grund gibt sie keine Antwort. Ihre Mutter ruft abends an und erklärt, Marek habe sie zuvor am Schrank mit einem Heft geschlagen. Ich bin nicht sicher, ob ich Saskia so viel Geduld zutraue, nach einem solchen Vorfall abzuwarten, bis Marek sich wieder setzt, und teile das der Mutter mit.

»Sie sind sowieso immer gegen mein Kind«, beklagt sich die Mutter. Ich würde am liebsten antworten »Sie doch auch«, aber das wäre unprofessionell. Und überhaupt: Bin ich gegen ihr Kind? Saskia ist anstrengend, zugegeben, aber sie tut mir auch unendlich leid.

Zwischenzeitlich wird Saskias Verhalten kurzfristig etwas besser, ohne dass ich dafür einen Grund ausmachen könnte. Leider hält das nur wenige Wochen an. Im Stuhlkreis erzählt sie, dass ihre Mutter jetzt einen neuen Freund habe, der bald bei ihnen einziehen wolle. Das bisschen Aufmerksamkeit, das sie von ihrer Mutter bekommen konnte, bekommt in den folgenden Wochen offenbar der neue Freund – denn Saskia kehrt umgehend zu ihrem aggressiven Verhalten zurück.

Einmal schlägt sie Murat auf den Rücken, weil »der nervt«. Genaueres lässt sich nicht eruieren. Murat nimmt das Entschuldigungsbild, das sie für ihn malt, nicht an und besteht auf einem anderen Sitzplatz. Auch am Folgetag will er ihr Bild nicht, was Saskia betroffen zu machen scheint. Sie scheint nicht zu begreifen, dass sie nicht alles spontan wiedergutmachen kann.

Ausflüge sind ein besonderes Problem. Saskia hat nie Lust auf Ausflüge, weil sie Laufen grundsätzlich hasst. Meistens jammert sie schon auf den 250 Metern bis zur Bushaltestelle, dass

ihr die Füße wehtäten. Bedauerlicherweise kuriert sie ihre Fuß-
schmerzen meist damit, dass sie andere Kinder tritt. Auf dem
Weg zum Weihnachtstheater versucht sie hartnäckig, Murat auf
die Hauptstraße zu treten, bis die Praktikantin sie an die Hand
nimmt, wo sie den restlichen Tag über – ausdrücklich gegen
ihren Willen – bleibt. Einem Gespräch verweigert sie sich zunächst, pöbelt stattdessen andere Kinder an. Die Praktikantin
bietet sich an, mit Saskia ein Einzelgespräch zu führen, während
die anderen Kinder im Theater seien – Saskia hat ohnehin lautstark verkündet, auf das »bescheuerte Sch*stück« keine Lust zu
haben. Es bleibt ohne Ergebnis – Saskia teilt der Praktikantin
lediglich mit, sie könne viel reden, aber sie – Saskia – mache
eben doch, was sie wolle. Kaum, dass wir wieder in der Schule
angekommen sind, demonstriert Saskia, dass sie das genauso
meint, und tritt ihre Freundin Eda mit solcher Wucht auf den
Fuß, dass dieser blau wird und anschwillt. Ich muss Eda abholen lassen, und ihre Mutter fährt mit ihr zum Röntgen. Der
Knochen ist zwar heil geblieben, aber Eda kann die nächsten
Tage nicht auftreten.

Die Mutter kommt am nächsten Tag, und ich setze mich
mit ihr separat, um noch mal mit ihr über Saskia zu sprechen.
Dieses Gespräch verlief so, dass die Mutter mir sagte, Eda habe
mit unter Saskias Schirm gewollt, und die habe das abgelehnt,
und das könne sie auch gut verstehen. Ich sage ihr, dass wir ja
beide wüssten, dass Saskia es mit der Wahrheit nicht so genau
nehme. Sie bestand darauf, dass sie aber ihrem Kind glaube. Ich
frage sie, ob ihr bewusst ist, dass sie damit implizit zum Ausdruck bringe, dass ich lüge, sie bestätigt das. Dass Saskia mir
gegenüber erzählt hat, ihre Mutter würde sie schlagen, quittiert
sie mit einem Schulterzucken: Saskia würde halt gelegentlich
lügen. Den Widerspruch sieht sie nicht oder will ihn nicht sehen. Außerdem würde Saskia höchstens mal einen »Hintern

voll kriegen«, wenn sie frech sei. Ich informiere sie, dass ich mir vorbehalte, das Jugendamt einzuschalten.

Minimale Freiheiten stellen generell ein Problem dar: In der Betreuungszeit spielt Saskia mit Eda auf dem Schulhof, als Aylin dazukommt. Sie soll weggehen, und als sie das nicht tut, nimmt Saskia einen Stock und schlägt ihn ihr ins Gesicht, wobei die Spitze 2 cm unter dem rechten Auge trifft. Als wir sie mit der Gefährlichkeit dieser Aktion konfrontieren, ist der einzig sichtbare Effekt bei ihr eine massive Wut, und sie schreit: »Wenn sie mich aber doch nervt!« Elterngespräch, mit dem üblichen Erfolg: Saskia ist nicht schuld, sie trägt keine Verantwortung, die Schule – ich ganz besonders – habe sich auf Saskia »eingeschossen«.

Elternsprechtag. Die Mutter ist sichtlich reserviert. Sie sagt, sie wüsste auch, dass Saskia Probleme habe, aber so dramatisch seien die nun auch wieder nicht. Ein vorgeschlagenes Verstärkersystem mit Smileys lehnt sie ab. Einen erneuten Hinweis auf Hinzuziehung einer therapeutischen Hilfe lehnt sie ab. Sie hätte Saskia einmal einem Psychologen vorgestellt, der habe nichts Auffälliges festgestellt. Und ihr Kinderarzt sei der gleichen Meinung. Und wenn sie sich entscheiden müsste, wem sie glaube, dann dem Kinderarzt.

In der Pause erfahre ich von der Schulleiterin, dass die Mutter sie angerufen und um ein Gespräch gebeten habe, weil sie mit mir nicht mehr reden könne. Ich soll in Zukunft Gespräche mit diesen Familienmitgliedern nur zu zweit führen. Außerdem werde ich das ReBUZ erneut informieren. Mit der Psychologin verabredet Saskia zwei Dinge, die sie in Zukunft besser machen will: 1. Ich tue niemandem weh. 2. Bei Problemen gehe ich zuerst zu einer Lehrerin. Nach zwei Wochen wird deutlich, dass diese Ziele nicht erreicht wurden. Auf Lob reagiert sie jedoch sehr positiv, und wir versuchen das erwünschte Verhalten immer deutlich zu verstärken. Leider gelingt es ihrer Mutter immer wieder, dieses Lob mit abwertenden Äußerungen zu negieren. Als ich ihr erzähle, dass Saskia sehr gut tanzen könne, sagt sie: »Na, wenigstens *das* kannst du!«

Mir erscheint plausibel, dass es einem Kind sehr schwerfällt, auf positive Verstärkung zu reagieren, wenn es sein Leben lang eigentlich nur negative bekommen hat. Das Vertrauen in die eigene Werthaftigkeit ist ja nicht im mindesten vorhanden.

Auch die Mutter führt in regelmäßigen Abständen Gruppengespräche mit einer (anderen) Psychologin, und im Abschlussgespräch sagt sie, sie habe doch einiges für sich daraus gelernt. So habe sie beispielsweise von einer anderen Mutter gehört, dass diese sich mit ihrer Tochter regelrecht zum Kuscheln verabrede. Bei Saskia und ihr würde das leider nicht funktionieren, weil Saskia ihre Fernsehsendung sehen wolle, wenn sie, die Mutter, Zeit habe, und wenn Saskia Zeit hätte, käme eine Sendung, auf die die Mutter nicht verzichten wolle. Aber das sei doch immerhin ein guter Tipp gewesen.

Saskia selbst versucht anfangs noch, sich an Regeln zu halten, fällt aber sehr rasch wieder in ihr altes Verhaltensmuster zurück. Die anderen Kinder der Klasse lehnen es mittlerweile ab, mit ihr zu spielen, was sie sehr traurig macht. Sie ist aber nicht in der Lage, das auf ihr eigenes Verhalten zurückzuführen; es sind immer »die anderen«, die schuld sind.

Das Ganze spitzt sich zu, als – im 4. Schuljahr – eine Klassenfahrt ansteht. Saskia ist in den Wochen davor so aggressiv, dass ich ihr zwei Tage vor der Fahrt sage: »Wenn jetzt noch irgendetwas passiert, wirst du an der Klassenfahrt nicht teilnehmen.« Insgeheim denke ich, dass zwei Tage eine überschaubare Zeit darstellen, aber da habe ich mich geirrt. Saskia schimpft, beleidigt und provoziert andere Kinder wie immer. Was soll ich tun? Einerseits muss ich konsequent bleiben. Andererseits hatte ich immer noch die Hoffnung, dass Saskia vielleicht im Schullandheim noch eher einen netten Kontakt herstellen bzw. zulassen könnte.

Ich bespreche das mit der Schulleitung und der ZUP-Leitung (Zentrum für Unterstützende Pädagogik). Wir kommen überein, dass ich Saskia mitnehme, unter der Bedingung, dass sie zunächst ein Einzelzimmer bekommt. Auf die Art kann ich zumindest nachts davon ausgehen, dass sie kein Kind verletzt. Dennoch möchte ich wissen, was in ihr vorgeht. Als ich sie am Ende des Tages frage, warum sie sich denn so aufgeführt habe, kann sie keine Antwort geben: »Weiß ich auch nicht, das kommt einfach so aus mir raus.«

Die Klassenfahrt verläuft von Saskias Seite wider Erwarten vollkommen störungsfrei. Als sie sich allein fühlt, spricht sie eine Mädchengruppe an, und diese sind auch nach anfänglichem Zögern bereit, sie mit in ihr Zimmer ziehen zu lassen. Das ging zwar nur eine Nacht gut, weil Saskia am nächsten Morgen alle sehr früh mit lautem Singen weckte, aber es war immerhin ein Schritt in die richtige Richtung. Und als die anderen Mädchen sich beschwerten, schaffte sie es, nicht aggressiv zu werden! Sie zog wieder zurück in ihr Einzelzimmer, aber sie spielte weiterhin mit den anderen und war in der Lage zu akzeptieren, dass sie sich selbst in diese Situation gebracht hatte. Das empfinde ich als Fortschritt und schöpfe Hoffnung.

Die Klassenfahrt ist Geschichte, der Alltag wieder da. Saskia sitzt an einem Gruppentisch. Rafael, der neben ihr sitzt, kommt zu mir und beklagt sich empört: »Saskia hat mich gebissen!« Ich hole Saskia zu mir und frage sie, warum sie das gemacht hat. Sie guckt mich an und antwortet: »Weil es Spaß macht!«

Und dann kommen in den Hofpausen wieder unendlich viele Beschwerden, sodass ich Saskia als Konsequenz eine Woche Pausenverbot erteile. Das trifft mich dann leider auch, denn ich kann sie ja nicht alleine lassen. Ihr scheint das mehr oder weniger gleichgültig zu sein. Am nächsten Montag darf sie wieder in die Pause, aber schon nach zehn Minuten kommen einige Kinder und bringen sie rein. Sie hat X geschlagen und Y getreten, und, und, und …

Ich warte, bis ich mit ihr allein bin, und schaue sie nur an.

»Mann, ich finde die alle zum Kotzen«, sagt sie. Als ich immer noch nichts sage – weil mir ehrlich gesagt auch nichts einfällt –, ruft sie: »Wenn die auch immer gleich so blöde glotzen!«

Ich teile ihr mit, dass sie als Konsequenz den kommenden Tag in einer anderen Klasse verbringen wird. Ins Mitteilungsheft schreibe ich, dass dies aus disziplinarischen Gründen geschieht.

Am nächsten Tag erfahre ich von der Schulleitung, die Mutter sei dort vorstellig geworden und habe sich lautstark über mich beschwert, weil ich ihre Tochter komplett ohne jeden Anlass aus meiner Klasse werfen wolle. Die Schulleitung bittet mich, die Mutter umgehend anzurufen, und signalisiert, dass sie bei einem Gespräch dabei sein wird. Ich rufe die Mutter im Verlauf des Tages fünfmal an, sie geht nicht ran und ruft trotz hinterlassener Nachrichten auch nicht zurück.

Am nächsten Morgen steht die Mutter wieder bei der Schulleitung und schimpft, ich würde mich nicht an Absprachen halten. Ich bekomme das zufällig mit, weil ich im Lehrerzimmer bin, und komme hinzu. Um einen sachlichen Tonfall bemüht, stelle ich richtig, dass sie telefonisch nicht erreichbar war. Die Mutter ist völlig empört. Ich könne mir ja wohl denken, dass sie erst abends erreichbar sei. Der Verweis, dass auch ich als Lehrerin irgendwann mal Feierabend machen möchte und ich fünf Anrufe nicht für zu wenig halte, quittiert sie mit einem höhnischen Schnauben. Einem sachlichen Gespräch ist die Mutter zu diesem Zeitpunkt nicht mehr zugänglich.

Rein rational kann ich diese Aktion verstehen, weil sie durch dieses Über-Agieren nach außen hin den Eindruck einer besorgten Mutter erwecken kann. Rein emotional entdecke ich bei mir eine wachsende Aggressivität.

Die Schulleitung vereinbart mit der Mutter einen Gesprächstermin in den für diese besonders geeigneten Abendstunden. Zu diesem Zeitpunkt ist meine Motivation, extra noch einmal in die Schule zu fahren, um mich wieder »anpflaumen« zu lassen, nicht mehr besonders groß. Bei dem Gespräch zeige ich der Mutter die Arbeitsmappen, die zusammengekommenen Notizen und alle weiteren Kleinigkeiten, die sich so angesammelt haben. Die Mutter zeigt sich völlig entsetzt. Davon habe sie nichts gewusst – was für eine ausgesprochen selektive Wahrnehmung spricht –, und sie signalisiert deutlich, dass sie sich kaum vorstellen kann, dass nur ihre Tochter dauernd aus der Rolle falle. Die Dokumentation scheint sie aber zu überzeugen – immerhin etwas.

Die Perspektiven für Saskia sind nicht besonders rosig. Auf unsere dringende Empfehlung hin wird die Mutter noch einmal über eine ambulante Psychotherapie für Saskia nachdenken, und die Sonderschulkollegin wird Saskia einige Stunden pro Woche betreuen, damit Saskia ein bisschen mehr Lehrerzuwendung hat, als ich ihr in einer Klasse mit 25 Kindern geben kann. Nur – kann das alles jetzt noch Sehnsucht nach Zuwendung befriedigen? Kommt es nicht alles zu spät? Wäre es nicht viel besser gewesen, die personelle Situation hätte es gleich von Anfang an zugelassen, sich intensiver um Saskias Bedürfnisse zu kümmern? Ich gebe zu, das kann keiner mit Sicherheit sagen. Aber – die Möglichkeit besteht!

Bei Saskia habe ich die Befürchtung, dass es irgendwann zu einem großen Crash kommt. Ihr Verhalten hat sich insgesamt wenig verändert. Der schlimmste Vorfall ist erst wenige Wochen her. An unserer Schule können sich die Kinder in der Pause Spielsachen ausleihen. Saskia hatte sich ein Springseil ausgeliehen und dies zu einer Schlinge geknotet, mit der sie nach anderen Kindern schlug. Als sie damit niemanden einfangen konnte, legte sie quasi eine »Falle« damit und brachte einen Erstklässler so schwer zu Fall, dass wir einen Krankenwagen holen mussten.

Während wir uns bemühten, das blutende Kind zu versorgen, stand Saskia laut schreiend drei Meter von ihr entfernt – als sei sie das Opfer –, bis ich sie irgendwann angeschrien habe. Da ich das Kind im Rettungswagen ins Krankenhaus begleitete, kümmerten sich einige Kolleginnen um Saskia, versuchten sie zu beruhigen und ließen sie abholen.

Ich fürchte, dass Saskia ihre Aggressionen in der Zukunft nach dieser Erfahrung eher gegen sich selbst richten wird. Ich hoffe nur, dass ich mich irre.

Saskia ist ein Kind, dem man im Rahmen der in Bremen angewandten Form der »Inklusion« nicht gerecht werden kann. Da ich ständig mit den Kindern allein bin, gibt es außer in den Pausen einfach keine Möglichkeiten, sich bei Eskalationen mit dem Kind zurückzuziehen und sofort zu reagieren. Und jeder Lehrer, jede Lehrerin weiß, dass man solche Gespräche ganz gewiss nicht nur in der Pause führen kann, zum einen, weil die Zeit viel zu kurz ist, um Stummheit auch mal aussitzen zu können, zum anderen, weil die Kinder nach draußen auf den Schulhof wollen. Eine solche Inklusion verhindert die optimale psychische Entwicklung *aller* Kinder, nicht nur solcher mit Problemen, denn in dem Ausmaß, wie auf deren Schwierigkeiten eingegangen werden muss, wird die Zeit an Aufmerksamkeit für die eher angepassten Kinder noch geringer. Da es aber in jeder Klasse immer Kinder in der »Grauzone« gibt, können die Umstände durchaus dazu führen, dass Kinder auffällig werden, die es unter »normalen« Umständen nie geworden wären.

Aber selbst wenn die Bedingungen besser wären: Wie will man mit den paar Stunden, die ein Kind in der Schule ist, produktive Veränderungen erreichen, wenn die Eltern in der übrigen Zeit sämtliche Bemühungen der Schule konterkarieren und so großen Schaden anrichten?

Und es gibt natürlich auch Eltern, die ihre eigenen Interessen über die des Kindes stellen.

Manchmal ist es nämlich egal, wie viele Personen sich eigentlich für die Betreuung eines einzigen Kindes zuständig fühlen (sollten) – das Kind ist trotzdem nicht ausreichend versorgt. Ein solches Kind war Angelo, von dem mir eine Kollegin aus einer Oberschule berichtete.

Angelo ist ein hübscher, wenn auch leicht übergewichtiger Junge aus dem, was wir als »sozial schwache Schicht« bezeichnen. Sein Vater stammte aus dem Kongo und pendelte während Angelos gesamter Schulzeit immer wieder zwischen Deutschland und Afrika; womit er sein Geld verdiente, blieb unklar. Angelos Mutter war sehr jung, als sie schwanger wurde. Normalerweise lebte ihr Sohn bei ihr, die Eltern sind schon lange getrennt. Da es aber leider aufgrund der Drogensucht der Mutter immer wieder erforderlich wurde, dass sie längere Klinikaufenthalte auf sich nahm, lebte Angelo teilweise beim Vater, der ihn ohne Rücksicht auf die deutsche Schulpflicht auch während des laufenden Schuljahrs mit nach Afrika nahm.

Angelo kennt also von klein auf kein wirklich stabiles Zuhause und keine verlässliche Bezugsperson. Sowohl Mutter als auch Vater verschwinden in für das Kind unberechenbarer Weise auf unbestimmte Zeit in unerreichbare Gebiete. Selbst wenn sie verfügbar sind, stellen beide jedoch keine adäquate Erziehungsinstanz dar, was sich darin äußert, dass Angelo keinerlei Impulskontrolle besitzt. Wenn er eine heftige Emotion erfährt – und seine Emotionen sind fast immer heftig –, muss er sie sofort ausagieren. Vom Beginn seiner Schulzeit an erinnert die Kollegin sich an begeisterte Sprünge auf den Tisch mit anschließendem Tänzchen, wenn er einen guten Test geschrieben hat, und an heftige Gewaltausbrüche, wenn er sich von jemandem provoziert fühlt. Moderation gibt es für ihn nicht. Seine Verhaltensauffälligkeit wird umso massiver, je weniger sicher er sich in der Beziehung zu seinen Bezugspersonen fühlt. Seine Stimmung ist wie ein Barometer für die Lage zu Hause: Wenn Mama mal wieder tagelang nicht ansprechbar oder Papa im Ausland ist, häufen sich seine Ausbrüche.

Das erstreckt sich auf den gesamten schulischen Bereich: Seit Angelo und die Kollegin anfänglich ein paar Tage lang ausfechten mussten, wer eigentlich der Chef ist, akzeptiert er sie als Leitfigur. Natürlich kommt ihr da zugute, dass sie als Klassenlehrerin ohnehin einen gewissen Bonus hat. Ihre KollegInnen haben es da ein wenig schwerer, insbesondere solche, die nur mit wenigen Stunden in der Klasse oder nur als Vertretung eingesetzt sind. Oft landet Angelo dann bei ihr, wenn er im Unterricht der FachkollegInnen nicht mehr zu handeln ist. Das ist für ihn allerdings keine schlimme Strafe, denn bei ihr weiß er, woran er ist, und muss nicht mehr austesten, ob sie wirklich konsequent ist. Letzteres ist doppeldeutig zu sehen: Er kann sich auf sie verlassen – sowohl darauf, dass sie die Regeln konsequent einhält, als auch darauf, dass sie konsequent da ist. Entsprechend häufen sich die Klagen der KollegInnen, wenn sie krankheitsbedingt ausfällt und damit seine Bezugsperson weg ist.

Leider ist sie in seinem Leben so ziemlich die einzige Erwachsene, die verlässlich da ist. Obwohl von der Schule aus veranlasst wurde, dass Angelo die Unterstützung einer sozialpädagogischen Familienhilfe erhält, war das bisher wenig nützlich, weil diese Hilfe seither dreimal in ebenso vielen Jahren gewechselt hat. Angelos Mutter hat aufgrund ihrer problematischen Gesundheitslage inzwischen eine eigene Betreuung. Es befinden sich also theoretisch zu Hause vier Erwachsene.

Dennoch konnte Angelo in den vergangenen drei Jahren nur *einmal* mit auf einen Schulausflug. Auf Klassenfahrt konnte er noch nie mit – obwohl er Anspruch auf die Bezahlung durch das Amt hat. Grund: Die Schule kann nur dann die Bezahlung solcher Aktivitäten durch das Amt veranlassen, wenn sie eine entsprechende Bescheinigung vorweisen kann. Diese, der sogenannte Bremer Pass, muss einmal jährlich im Sekretariat der Schule vorgelegt werden. Von den vier Erwachsenen daheim hat das in den vergangenen drei Jahren keiner geschafft, obwohl regelmäßig schriftlich und telefonisch darum gebeten wird. In aller Fairness muss man sagen, dass die Familienhilfe und die Betreuung der Mutter dafür im Grunde nicht unmittelbar zuständig sind, aber dass sie eben doch dort helfen sollten, wo die Familie Dinge alleine nicht geregelt bekommt – und das ist hier offensichtlich der Fall.

Im nächsten Schuljahr hat Angelo erneut die Chance auf eine Klassenfahrt. Ich hoffe sehr, dass er diesmal nicht daheim bleiben muss.

# KRANKE ELTERN

Leider gibt es aber auch Eltern mit Erkrankungen, seien sie nun körperlicher oder psychischer Natur. Dazu gehört die Mutter von Tammo.

Tammo, über den ich in Kapitel 2 schon einmal berichtete, ist ein Kind, das vom Kindergarten als »immer traurig« eingestuft wird. Ich erlebe ihn als muffliges Kind ohne jegliche Lust an der Schule. Gern ärgert er andere Kinder. Außerdem ist er deutlich rassistisch und ärgert gern dunkelhäutige Kinder wie Alice oder Dennis.

Tammos Eltern sind geschieden. Dominante Figur im Familiengeschehen scheint ein Großvater zu sein, der teilweise sehr übergriffig ist und versucht, auch in der Schule das Zepter an sich zu reißen. Der alte Herr erscheint schon mal mitten im Unterricht, um etwas zu fragen oder Tammo sein Pausenbrot zu bringen. Die Familie stammt aus Polen, Tammo ist aber in Deutschland geboren.

Im Laufe der Zeit lerne ich das Verhalten des Großvaters etwas besser zu verstehen. Er macht sich große Sorgen um seinen Enkel, weil er die Schwierigkeiten im Lernverhalten und in den Leistungen sehr deutlich sieht, und weil er weiß, dass seine Tochter keine große Hilfe ist. Er fragt oft nach, was er tun kann, und versucht das auch umzusetzen, aber nur teilweise mit Erfolg. Er sagt von sich, er sei auch nur kurz zur Schule gegangen, und lässt offen, um welchen Zeitraum es sich handelt. Es scheint aber tatsächlich nicht sehr lang gewesen zu sein, sodass es auch immer einige Zeit braucht, um ihm zu erklären, was er mit seinem Enkel arbeiten kann. Dennoch finde ich es sehr gut, dass Tammo auf diese Weise merkt, dass sich jemand Gedanken um ihn macht. Normalerweise scheint in der Familie eher die Mutter im Fokus zu stehen.

Aus dem Kindergarten weiß ich, dass die Mutter psychische Probleme hat und häufiger in die Klinik geht. Dann betreuen die Großeltern die Kinder (Tammo hat eine ältere Schwester), die vor allem Tammo sehr klein zu halten versuchen. Bei Elternabenden erscheint zwar die Mutter, verhält sich aber stets sehr zurückhaltend. Die ersten Anzeichen einer Problematik bei ihr bemerke ich nach den Herbstferien.

Gleich nach den Ferien besuchen wir ein Theaterstück. Zwei Wochen später ruft Tammos Mutter mich an. Sie mache sich Sorgen um ihren Sohn, der könne ihr so gar nichts von dem Stück erzählen. Ich versuche ihr zu erklären, dass Kinder nicht immer über alles reden, und sie beruhigt sich. Damit ist die Geschichte aber leider nicht beendet.

Etwa ein Vierteljahr später ruft sie mich erneut an, diesmal an einem Sonntagmorgen um halb zehn. Tammo könne ihr immer noch nichts vom Weihnachtsmärchen erzählen. Da ich mir nicht vorstellen kann, warum sie das nach einem so langen Zeitraum immer noch beschäftigt, überlege ich, dass ihre Frage einen anderen Inhalt haben müsste, und frage sie darum, was sie denn vermutet. Sie sagt:»Vielleicht war er gar nicht dabei.« Ich frage sie, wo er denn sonst gewesen sein solle. Sie erwidert, da seien ja so viele Menschen auf der Straße vor der Schule, vielleicht hätte ich Tammo jemandem mitgegeben.

Da ich mich daran erinnere, dass vom Kindergarten die Info über psychische Probleme bis hin zu Klinikaufenthalten vorlag, frage ich sie vorsichtig, ob sie ihre Tabletten genommen hat. Sie bestätigt, dass sie seit einigen Tagen wieder welche nimmt, und wir verabreden, dass ich sie in einer Woche noch einmal anrufen werde, um dieses Gespräch fortzusetzen.

Das tue ich, und zwischenzeitlich hat ihr auch ihr Sohn wenigstens etwas von dem Theaterstück erzählt, sodass sie am Ende relativ beruhigt scheint. Mir aber hat der Vorfall deutlich gemacht, dass Tammo zu Hause in einem ziemlichen Spannungsfeld leben muss, und ich nehme mir vor, darauf zu achten.

Ein halbes Jahr später findet ein Elternsprechtag statt, von denen es bei uns zwei pro Jahr gibt. Die Mutter erscheint und fragt sehr optimistisch, ob denn jetzt alles gut sei mit Tammo. Sie reagiert vollkommen schockiert auf die Information, dass er eher noch mehr nachgelassen hat, dass Tammo nicht besser ist als im ersten Schuljahr, und wiederholt das auch häufig. Er hätte so viel Spaß in der Schule, das sei ihm ganz wichtig. Als ich ihr sage, dass er sich im Unterricht überhaupt nicht beteilige, kann sie das nicht glauben. Es würde ihn doch alles so sehr interessieren! Dass er keine Hausaufgaben macht, kann sie ebenfalls nicht verstehen und behauptet, er würde sehr lange zu Hause daran arbeiten. Ich dringe nicht zu ihr durch mit meiner Frage, warum er sie denn dann nicht vorlegen würde. Nebenbei bemerkt hatte ich auch schon mit ihm gemeinsam in die Schultasche geschaut, um zu sehen, ob sich da irgendwo die Hefte verstecken würden. Ich fand auch die Hefte, aber eben ohne die Hausaufgaben. Das kann sie nicht verstehen. Dann müsse jemand die ausradiert haben, es gäbe ja so unglaublich viel Bosheit auf der Welt. Ich verabrede mit ihr, dass sie jeden Abend nachsieht, ob Tammo seine Aufgaben erstens gemacht und zweitens in den Ranzen gepackt hat, aber ich habe meine Zweifel, ob das klappt.

Am Abend ruft sie mich an und erklärt, ihr Sohn habe ihr auf Nachfrage noch einmal bestätigt, dass er großen Spaß an der Schule habe. Eine halbe Stunde später ruft sie mich wieder an, und Tammo muss mir sagen, dass er alles toll findet und dass er seine Hausaufgaben gemacht hat. Sie steht dabei offenkundig im Hintergrund und sagt ihm vor!

Am Tag danach sehe ich Mutter und Großvater vor dem Sekretariat sitzen. Auf meine Nachfrage sagt mir die Mutter, sie wolle Tammo gern quer versetzen lassen, weil das vielleicht leichter für ihn sei. Dem wird nicht stattgegeben; ich halte es auch für fraglich, ob das etwas geändert hätte. Tammos Problem liegt meines Erachtens nicht in der Schule, sondern im Elternhaus, und da nützt eine Parallelversetzung leider gar nichts.

Von da an geht es weiter bergab: Tammo macht weiterhin keine Hausaufgaben. In der Schule scheint er sich völlig aufgegeben zu haben. Er träumt nur und schafft nichts. Er sitzt 40 Minuten vor seinem Matheheft, sagt auf Nachfrage, er kann das, macht jedoch nichts – keine einzige Aufgabe. Beim Abschreiben schafft er in der gleichen Zeit zwei Wörter. Er sitzt nur zusammengesunken da und träumt. Wenn ich mich neben ihn setze, wozu ich aber häufig nicht komme, versucht er sich zu konzentrieren, aber man merkt, wie ihm die Gedanken entgleiten.

Inzwischen habe ich das ReBUZ eingeschaltet, und es haben einige Gespräche und ein Hausbesuch stattgefunden. Bei dem Gespräch mit Tammo war seine Mutter anwesend, sodass das Kind sehr verschlossen war. Ein weiterer Termin wurde nicht wahrgenommen, sodass die Schulpsychologin sich zusammen mit einer Kollegin zu einem unangemeldeten Hausbesuch entschloss.

Dabei fiel ihr vor allem zunächst auf, wie wenig erstaunt die Frau darüber zu sein schien. Sie bat die Besucherinnen in die Wohnung, die sauber und aufgeräumt war. Bei Gesprächen mit Tammo blieb sie dabei. Nach und nach taute Tammo jedoch auf, sodass nach einem weiteren Besuch von der Psychologin der Vorschlag kam, sie doch im ReBUZ zu besuchen. Ein Termin wurde vereinbart, der aber nicht wahrgenommen wurde. Seitdem ist die Familie telefonisch nicht mehr erreichbar.

Wir sind uns einig in der Einschätzung, dass die Mutter das Kind sehr stark an sich bindet, ihn regelrecht zu Hause »bunkert«. Er verabredet sich selten, ist in keinem Sportverein. Wir sind uns ebenfalls einig, dass man bei der Mutter ansetzen muss, um dem Kind zu helfen. Das ist für mich als Lehrerin nur äußerst eingeschränkt möglich, und so vereinbaren wir, dass die Psychologin zusammen mit einer Sozialarbeiterin weiterhin den Kontakt halten wird.

Das stellt sich aber als nicht so einfach heraus. Die Mutter lehnt sämtliche Kontakte inzwischen ab und schreibt eine Mail an die Schule, in der sie mitteilt, sie und ihr Sohn seien sehr unzufrieden mit mir und würden in Zukunft nicht mehr an Eltern- oder Schülersprechtagen teilnehmen. Daran halten sie sich auch. Kontakt habe ich nur mit dem Großvater, der sich im Gegensatz zu seiner Tochter, die meint, dass alles gut sei, große Sorgen um Tammo macht. Er taucht des Öfteren unangemeldet vor oder mitten im Unterricht auf, steht in der Tür und fragt dann, was er noch machen kann. Der Großvater ist ein einfacher Mann, der sicher im Leben viel gearbeitet hat. Mir scheint er mit der Situation überfordert zu sein, aber diese Baustelle will ich nicht angehen. Ich sage ihm, dass ich mir auch große Sorgen um Tammo mache, dass ich aber auch nicht mehr tun könne, als wir schon versucht haben. Über seine Tochter sprechen wir in diesem Zusammenhang nicht; es wäre wohl auch nicht so einfach, denn der Mann spricht nicht sehr gut deutsch, auch wenn er sich viel Mühe gibt.

An einem Schülersprechtag erscheint Tammo sehr traurig und bricht unvermittelt in Tränen aus. Es stellt sich heraus, dass seine ältere Schwester nach einem heftigen Streit mit der Mutter zu ihrem Freund gezogen ist. Er vermisst sie sehr und ist kaum zu trösten; emotional scheint sie eine Art Mutterersatz für ihn darzustellen.

Auch Tammo muss inkludiert werden – aber im Grunde ist hier nicht viel zu erhoffen, denn solange die Mutter nicht erreichbar ist, kann eine produktive Zusammenarbeit nicht gelingen. Natürlich sehe ich, dass sie versucht, ihren Sohn zu schützen vor vermeintlichen Angriffen, und dass sie letztlich tut, was sie kann. Beide, Mutter und Sohn, bräuchten aber viel mehr Hilfe, als Schule und im Übrigen auch das finanziell und personell vollkommen unterversorgte ReBUZ realistisch leisten können. Ich gestehe, ich habe häufig ein schlechtes Gewissen, wenn ich einen Unterrichtsinhalt vermitteln soll an Kinder, die aufgrund ihrer persönlichen Probleme im Grunde gar nicht die Aufmerksamkeit dafür aufbringen können.

Zu den kranken Eltern zähle ich selbstverständlich auch Alkoholiker. Vor einigen Jahren hatte ich in einer Klasse ein Mädchen, dessen Mutter eine starke Alkoholikerin war. Sie brachte das Kind morgens schon vollkommen betrunken in die Schule. Häufig kam es dabei zu tränenreichen Auftritten, weil sie doch ihr Kind nicht allein hierlassen könnte. Es brauchte einiges Zureden, bis sie ging. Das Kind war trotzdem recht normal, was mir in Anbetracht der Umstände wie ein Wunder erschien. Dennoch war es in hohem Maße vernachlässigt. In der Regel kam es morgens nüchtern in die Schule, und häufig genug hatte die Mutter auch vergessen, ihr etwas zu essen und zu trinken einzupacken, sodass ich mir angewöhnte, immer eine Notration dabeizuhaben. Auch die Mitschüler teilten häufig die Pausenbrote mit ihr. Es kam vor, dass sie im Winter mit Sandalen in die Schule kam oder in völlig unangemessener Kleidung. Wir wurden beim Jugendamt vorstellig und erfuhren, dass man der Frau ja schon ihre anderen Kinder weggenommen und in Pflegefamilien untergebracht hatte, dass man ihr aber diese Tochter ließ, um sie psychisch zu stabilisieren.

Als ich das hörte, glaubte ich zuerst, ich hätte mich verhört. Kann man ein Kind in solcher Weise zu einem Objekt machen? Wo bleibt das Interesse des Kindes? Nebenbei – ein halbes Jahr später kam auch dieses Mädchen in eine Pflegefamilie. Sie ist jetzt fast 20, und es scheint ihr gut zu gehen. Glück gehabt – ein Verdienst des Staates ist das sicherlich nicht. Selbstverständlich kann ich verstehen, dass man alles versucht, um kranken Menschen zu helfen, aber ich finde es durchaus fragwürdig, ein Kind als Stabilisator zu benutzen.

# ÜBERBEHÜTENDE ELTERN

Es gibt Eltern, die sich nicht klarmachen, wie sehr die Grundschule sich von einem Kindergarten unterscheidet. Solche Eltern waren die von Esma. Esma wurde täglich von der Mutter oder der Großmutter in die Schule gebracht. Sie wurde ausgezogen und ließ sich das auch, wie eine Puppe dastehend, gefallen. Die Frauen hängten die Kleidung ordentlich auf die Haken, nahmen den Ranzen – den selbstverständlich sie trugen – und brachten das Kind in die Klasse. Dort sorgten sie dafür, dass Esma ordentlich an ihrem Platz saß, und gingen dann winkend von dannen. Nach Schulschluss wiederholte sich das Ganze.

Gleich nach der Einschulung war die Mutter zu mir gekommen und hatte mir eine Plastiktüte in die Hand gedrückt. Auf meine Nachfrage sagte sie:»Damit Sie Esma umziehen können, wenn mal was danebengeht.« Als ich immer noch begriffsstutzig dastand, sagte sie:»Esma kann zwar schon alleine zur Toilette gehen, aber manchmal geht noch etwas daneben. Dann können Sie sie umziehen, sie kann ja nicht den ganzen Vormittag in nassen Sachen hier sitzen.« Ich erwiderte, dass ich ganz sicher kein Kind umziehen würde, das in die Schule kommt und nicht trocken ist; da wurde sie ausgesprochen giftig: Ob ich denn dafür verantwortlich sein wolle, wenn ihr Kind eine Blasenentzündung bekäme? Die Lehrer würden heute auch immer fauler. Ich schnitt ihr dann das Wort ab und sagte, wenn sie sich beruhigt hätte, könnten wir sicher noch einmal in Ruhe darüber sprechen. Das aber wollte sie nicht. Sie bestand darauf, dass Esma umgezogen werden muss, in dem fiktiven Fall, dass »etwas passiert«. Außerdem sagte sie, wenn ich mich dabei schon so anstelle, dann möchte sie wissen, wie ich es schaffen würde, ihrer Tochter den Po abzuwischen. Das machte mich schlicht sprachlos. Schließlich krächzte ich: »Was heißt abwischen?«

»Na, Sie sehen doch selbst, dass sie noch klein ist«, sagte die Mutter völlig ungerührt. »Da braucht sie schon Hilfe, das ist doch klar.« Ich sagte ihr, dass alle anderen Kinder das alleine können, und sie konterte: »Ja, weil die anderen Eltern sich eben nicht genügend um ihre Kinder kümmern. Bei mir ist das anders. Esma wird das schon irgendwann lernen, ich gebe ihr die Zeit, die sie braucht.«

Wir vertagten das Gespräch dann, und ich dachte lange darüber nach, was ich ihr sagen kann. An einem eigens dafür anberaumten Gesprächstermin versuche ich ihr deutlich zu machen, dass Esma mit diesen »Eigenheiten« auch schnell zur Zielscheibe des Spotts der Mitschüler werden könnte, aber auch diese Intervention verhallt völlig ungehört. Das sei ja schließlich meine Aufgabe als Pädagogin, dafür zu sorgen, dass niemand ausgegrenzt würde. Recht hat sie – ich aber auch. Das Problem lässt sich nicht lösen.

An dem ersten Tag, an dem Esma durchdringend im Treppenhaus nach mir schreit, um ihr mit dem Papier zu helfen, gehe ich raus und sage: »Das musst du selbst machen, du bist doch ein Schulmädchen!« Tatsächlich kommt sie binnen Kurzem zurück, und ich fühle mich sehr pädagogisch, jedenfalls bis zu dem Zeitpunkt am nächsten Tag, an dem die Mutter sich bei der Schulleitung beschwert und behauptet, das wäre Kindesmisshandlung, ihr Kind sei ganz wund und verdreckt nach Hause gekommen … Ich will jetzt nicht zu sehr ins Detail gehen, nur so viel: Das Problem hat sich vier Jahre lang nicht lösen lassen, wie ich gehört habe – die Eltern sind nach knapp zwei Jahren umgezogen und haben ihr Kind und das Problem mitgenommen.

Es muss natürlich nicht immer so dramatisch enden wie mit Esma. Ich empfinde es auch als überbehütend, wenn Grundschulkinder heute täglich mit dem Auto zur Schule gefahren und abgeholt werden. Abgesehen von dem regelmäßig zu Schulbeginn und -ende auftretenden Verkehrschaos vor den Schulen ist es meiner Meinung nach durchaus zuzumuten und gesund, vor Schulbeginn an der frischen Luft den Schulweg zurückzulegen; Kinder bewegen sich heute ohnehin nicht mehr so viel wie früher. Auch das soziale Miteinander profitiert von einem gemeinsam zurückgelegten Schulweg. Vor einigen Jahren wurde bei uns der sogenannte »Schulexpress« eingerichtet. Dabei handelt es sich nicht, wie man irrtümlich annehmen könnte, um einen Bus, sondern um Treffpunkte, an denen sich die Kinder morgens auf dem Weg zur Schule sammeln, um dann gemeinsam weiterzugehen. Ich halte das für eine sehr sinnvolle Einrichtung, wenn sie denn genutzt wird. Das geschieht aber leider zunehmend selten, weil eben immer mehr Kinder motorisiert zur Schule gelangen.

An unserer Schule wie auch an vielen anderen Grundschulen gibt es inzwischen sogar sogenannte »autofreie« Wochen, an denen die Kinder Punkte sammeln können, wenn sie den Schulweg zu Fuß zurücklegen. Ich empfinde das in gewisser Weise als pervers, denn meiner Meinung sollte es die Regel sei, dass Schulkinder zu Fuß gehen und nur in absoluten Ausnahmesituationen mit dem Auto gebracht werden. So aber entsteht jeden Morgen und jeden Mittag ein heilloses Verkehrschaos durch die Eltern, die ihre Kinder bringen bzw. abholen und unbedingt so nahe wie möglich vor dem Schulgebäude halten wollen. Auch ich bin eines Morgens, als ich auf den Schulparkplatz fuhr, von einer Mutter mit Pkw dabei behindert, und als ich Gebrauch von der Hupe machte, von ebendieser Frau mit den Worten angegriffen worden: »Was haben Sie denn gefrühstückt? Können Sie nicht warten, bis ich weg bin?«

Oft haben aber die Kinder gar keinen Einfluss darauf, weil die Eltern manchmal spät dran sind, sie zu spät losgeschickt werden oder andere Dinge im Weg sind. Dennoch ist es meiner Meinung nach durchaus wichtig, Eltern davon zu überzeugen, dass ein zu Fuß zurückgelegter Schulweg noch keine Kindesmisshandlung darstellt.

## SEHR JUNGE / SEHR ALTE ELTERN

Wie die Kinder, so sind auch die Eltern sehr unterschiedlich. Ich hatte eine 20-jährige Mutter in der Klasse, deren Kind gerade sechs Jahre geworden war, und ich hatte auch schon einen 80-jährigen Vater. Während die junge Mutter selbst nur wenig eigene Schulerfahrung hatte und alles dankbar aufnahm (und umsetzte), machte mir der alte Vater gleich ein paar »Verbesserungsvorschläge«: Es ist doch am besten, wenn alle Kinder mit dem gleichen Buch arbeiten, das haben wir früher auch so gemacht. Wenn einer frech wird, gar nicht lange fackeln – raus damit! Es gab noch mehr gut gemeinte Ratschläge, alle aus der gleichen pädagogischen Ecke.

Da ist es nicht immer ganz einfach, mit solchen Äußerungen angemessen umzugehen. Aber es liegt auf der Hand, dass die unterschiedlichen Lebenserfahrungen und -wünsche nicht deckungsgleich sind. Je eher man das als LehrerIn akzeptiert, desto einfacher ist es.

Dennis ist das Kind einer jungen afrikanischen Mutter und eines bei seiner Geburt bereits 72-jährigen Vaters. Er ist klein und zierlich und hat die dunkle Hautfarbe seiner Mutter geerbt. Dennis braucht von Anfang an viel Hilfe beim Lernen, und es stellt sich schnell heraus, dass eine Grundschulförderung allein nicht ausreichen wird. Darum bekommt er in der Woche sechs Stunden Förderung in einer Kleingruppe bei einer Sonderschulkollegin.

Er wächst in einem wirren Beziehungsgeflecht auf. Inzwischen sind mehrere Mitarbeiter sozialer Dienste involviert. Nach den ersten vier Wochen im ersten Schuljahr wird er immer auffälliger. Er ist ständig gewaltbereit. Wenn man ihn dann mit seiner Außenwirkung konfrontiert, bricht er in Tränen aus und schreit: »Ihr könnt mich alle, ich gehe sowieso auf eine andere Schule!«

Mit ihm vernünftig zu sprechen, ist sehr schwer. Der Sonderschulkollegin scheint es in Ansätzen in ihren Förderstunden zu gelingen.

Dennis ist in jede Schlägerei verwickelt und macht auch vor älteren Schülern nicht halt: »Schwuchtel« und »Fick deine Mutter!« sind noch die harmlosesten Ausdrücke, die aus seinem Mund kommen. Dazu kommt eine Hassfreundschaft zwischen Erol und Dennis. Kinder mit solchen Problemen scheinen sich gegenseitig immer wieder anzuziehen. Am liebsten ärgern sie in der Pause andere Kinder und rennen schnell weg, wenn diese sich wehren wollen. Werden sie erwischt und es gibt eine Standpauke, geben sie dem jeweils anderen die Schuld, wobei Erol am liebsten sagt: »Der XY war aber auch dabei.« Ihm macht es Spaß, wenn andere auch »Ärger kriegen«, wie er es ausdrückt.

Die Situation in der Familie eskaliert zunehmend. An einem Morgen kommt der Vater schwer atmend in die Schule und erklärt, Dennis käme an diesem Tag nicht zur Schule, weil er »woanders« sei. Nachfragen ergeben, dass Dennis ein »schlimmes« Wort gesagt hatte und seine Mutter daraufhin seinen Mund mit Kernseife ausgewaschen hat. Dennis hatte sich gewehrt und seine Mutter geschlagen, auch der Vater scheint am Prügeln beteiligt gewesen zu sein, hat aber letzten Endes die

Polizei gerufen, weil er mit seiner mittlerweile hysterischen Frau nicht mehr zurechtkam, und die haben den Kleinen kurzerhand mitgenommen. Nun ist das Jugendamt involviert und hat eine – sehr effektive – Familientherapie eingeleitet. Drei Personen kümmern sich um die Familie, und sie gehen regelmäßig ein- bis zweimal in der Woche dorthin. Das macht sich äußerst positiv bemerkbar; der Kleine wird ruhiger, die gesamte Lage scheint sich zu entspannen.

Aber der Prozess ist zäh und langwierig, und es gibt immer wieder Rückschläge. Daher ist im Herbst eine Debatte darüber entbrannt, ob Dennis fremdplatziert werden soll – was im Klartext bedeutet, dass er in eine Pflegefamilie oder eine betreute Einrichtung käme. Die Eltern fühlen sich überfordert und möchten diese Möglichkeit als Strafandrohung nutzen, die Familienhelfer hingegen versuchen Dennis zu erklären, dass es in der Kleingruppe, die sie anvisiert hatten, sehr schön sei. Das Kind ist aber naturgemäß voller Angst.

An einem Tag erscheint Dennis erst kurz nach halb neun. Er wirkt ängstlich, durcheinander und verweint. Ich nehme ihn zu mir nach vorne und bespreche die Lage mit ihm; die anderen Kinder dürfen so lange unter der Aufsicht eines Studenten auf dem Schulhof spielen. Gut, dass ich wenigstens den habe …

In einem Gespräch mit Dennis stellt sich heraus, dass er eine ungeheure Angst vor einem Schwarzen Mann hat, der kleine Kinder holt, eine Figur, die seine Mutter offenbar gern zur Einschüchterung gebraucht. Ich erkläre ihm, dass es den nicht gibt, aber er lässt sich nicht davon abbringen. Bei einem Telefonat mit dem begleitenden Team erkläre ich die Situation, und die Teamleiterin berichtet, dass bereits am Vortag die Situation eskaliert sei, weil Dennis spielen gehen wollte und seine Mutter das nicht erlaubt hat. Es gab anscheinend keinen nachvollziehbaren Grund, sondern nur die Tatsache, dass sie ihn ärgern wollte. Dennis greift sie dann immer sofort tätlich an und hat das wohl auch am Vortag versucht. Wir vereinbaren ein weiteres Gespräch am Montag.

Das Hin und Her innerhalb der Familie bleibt, obwohl die Familientherapeuten wahrlich ihr Bestes geben. Im Grunde genommen müsste ich mich mit Dennis eigentlich jeden Morgen vor Unterrichtsbeginn hinsetzen und den Vortag aufarbeiten, aber das schaffe ich nicht. Zu groß ist die Anzahl der Kinder mit Problemen, zu vielfältig die Aufgaben. Dennis kommt also, wie viele dieser Kinder, in der Regel viel zu kurz – aber er wird »inklusiv beschult«, wie es die Politik wünscht. Manchmal denke ich, die Politiker und Politikerinnen, die diesen Begriff so vollmundig gebrauchen, sollten eine Woche in meiner Klasse unterrichten, zu den gleichen Bedingungen. Ich bin sicher, dass kaum einer eine Woche durchhalten würde oder zumindest danach nicht mehr von Inklusion schwärmen würde.

Immerhin ist das Thema einer Pflegestelle nach einem halben Jahr vom Tisch, und der Druck, unter dem Dennis stand, damit erst einmal weg.

Dennis' schulische Leistungen sind insgesamt äußerst schwach, obwohl entsprechende Tests eigentlich keinen Hinweis auf eine Lernbehinderung geben. Vermutlich ist die Situation, in der er sich befindet, einem Lernen aber so wenig förderlich, dass er ein Förderschüler bleiben wird, solange sich das nicht ändert – oder vielleicht immer.

Nach einem halben Jahr hat sich Dennis' Verhalten gebessert. Er ist dankbar für jedes Lob. Das bedeutet jetzt, im 4. Schuljahr, zwar nicht, dass er keine Hilfe mehr braucht. Aber immerhin ist er ansprechbar, seine Gewaltbereitschaft ist deutlich zurückgegangen, und er zeigt eine hohe Lernmotivation.

Leider ist die Maßnahme mit den Familientherapeuten nun ausgelaufen, und man merkt Dennis auch deutlich an, dass ihm etwas fehlt: FachlehrerInnen beklagen sich sehr über sein Verhalten. Er sei sehr aggressiv und keinem Gespräch zugänglich. Ich komme als Klassenlehrerin zwar an ihn heran, brauche aber auch deutlich länger als zuvor. Über seine weitere Schullaufbahn nachzudenken bereitet mir Unbehagen. Auch wenn er in eine sogenannte Inklusionsklasse an der Oberschule kommt, bezweifle ich, dass er mit dem Fachlehrersystem zurechtkommen wird, weil er eigentlich immer eine feste Bezugsperson braucht. Er ist jetzt im 4. Schuljahr und rechnet im Zahlenraum bis 100, liest kleine Texte und schreibt verkürzte Diktate voller Fehler. Es gibt immer wieder Auseinandersetzungen, aber meistens ist er einem Gespräch mit mir zugänglich und kann auch eigene Fehler einsehen. Dennoch mache ich mir schon Gedanken darum, wie es mit ihm nach Beenden der Grundschulzeit weitergehen wird.

# KRIMINELLE ELTERN

Über Erol habe ich bereits im ersten Kapitel ausführlich berichtet. Sollte dort die berechtigte Frage aufgekommen sein, wie ein Kind so wird – nun, ich denke, einen Teil der Antwort liefert der Blick aufs Elternhaus.

Erols Eltern, ein libanesischer Vater und seine deutsche Frau, genießen bereits einen gewissen Ruf im Stadtteil, noch ehe ihr Sohn eingeschult wird. An einer Nachbarschule haben beide Hausverbot. Der Vater spricht nicht sehr gut deutsch, obwohl er schon lange hier lebt. Die Mutter ist Deutsche. Vom Kindergarten weiß ich, dass sie Kindergarten, Schule und Behörde als natürliche Feinde ansieht und auch so behandelt. Vom Vater geht das Gerücht, er sei Mitglied der libanesischen Mafia. Sicher ist, dass er bereits mehrfach wegen unterschiedlicher Delikte im Gefängnis war. Ich solle »zurückhaltend« Elternarbeit machen, wird mir vor der Einschulung nahegelegt. Na, schauen wir mal.

Die zurückhaltende Elternarbeit gestaltet sich als schwierig – wie meinem Bericht im vorangegangenen Kapitel zu entnehmen ist, könnte ich problemlos 100 % meiner Arbeitszeit auf Erols Erziehung verwenden. Die erste intensivere Begegnung zwischen mir und den Eltern findet noch im 1. Schuljahr statt.

Ich höre Lärm vor dem Klassenraum und gehe nachschauen, was sich dort abspielt. Auf dem Flur stehen Erol, sein Vater und seine Mutter sowie meine Betreuungskraft Nina. Erols Mutter ist deutlich jünger als ihr Mann. Sie ist chic angezogen und recht stark geschminkt.

»Guten Tag, was ist denn hier los?«, begrüße ich alle. »Kann ich irgendwie helfen?«

Erol kräht: »Die eine Frau hat ein ganz schlimmes Wort zu mir gesagt!«

Nina versucht zu erklären: »Es geht wohl um ein Problem mit der Praktikantin in deiner Parallelklasse.«

Die Mutter faucht: »Also, wie kann es sein, dass jemand zu unserem Sohn sagt, er sei ein Arsch? Das ist ja wohl das Letzte!«

Im Stillen gebe ich ihr da recht. Pädagogisch ist das nicht. Andererseits –

»Ich kann mir nicht vorstellen, dass jemand so etwas zu dir gesagt hat, Erol«, sage ich freundlich. Da kommt die Praktikantin um die Ecke, und Erol schreit aufgeregt: »Da, das ist sie, das ist sie.«

Der Vater tritt auf die junge Frau zu und fragt in gebrochenem Deutsch, warum sie »Arschloch« zu seinem Sohn gesagt habe.

Lena, die Praktikantin, antwortet: »Ich habe nicht ›Arschloch‹ gesagt, ich habe gesagt: ›Du benimmst dich wie ein Arschloch.‹ Das ist ein kleiner, aber feiner Unterschied.« Da hat sie zwar recht, aber wirklich besser wird die Geschichte so nicht. Die Mutter ergreift auch gleich die Gelegenheit und faucht mich an: »So, und Sie glauben das nicht, na ja, *so was* hält eben immer zusammen!«

»Ich frage jetzt mal nicht, was Sie mit ›so was‹ meinen, aber ich würde es vorziehen, wenn wir das Ganze gemeinsam in Ruhe erörtern können«, sage ich kühl. »Ich gehe mal davon aus, dass Sie sehr genau wissen, dass es einen Unterschied gibt, ob man sagt ›du *bist* etwas‹ oder ›du *benimmst dich wie* etwas‹. Ich bin auch sicher, dass Frau K. Ihnen sicher erklären wird, was sich genau abgespielt hat.«

Lena, die Praktikantin, berichtet, dass Erol trotz mehrfacher Ermahnungen immer wieder Kinder von der Rutsche geschubst hat. Unsere Rutsche ist nicht klein, und er bringt damit Kinder absichtlich und wissentlich in Gefahr. Ich mache die Eltern auf dieses Verhalten aufmerksam, aber das »schlimme Wort« ist der einzige Fokus, um den sich alles dreht, auch Erols Aggressivität, die ich anspreche, berührt sie nicht. Letzten Endes gehen die Eltern beleidigt und zornig, und ich bleibe mit dem Gefühl zurück, dass dieses Gespräch besser hätte laufen können. Nur wie?

Ich denke lange über dieses Ereignis nach. Wenn bei einem Kind wie Erol die Zusammenarbeit mit den Eltern nicht funktioniert, kann man als Lehrerin beinahe einpacken.

Die Eltern holen ihren Sohn täglich von der Schule ab, und so ist es unvermeidlich, ihnen zu begegnen. Manchmal hat das aber auch etwas Positives. Als ich bemerke, dass Erol Auffälligkeiten beim Laufen zeigt, spreche ich die Eltern eines Mittags darauf an.

Die Mutter begrüßt mich höflich. Triumph – vielleicht lässt sich doch was bewegen. Beide bedanken sich für den Hinweis, und am folgenden Tag kommt der Vater, um sich aufschreiben zu lassen, wohin er gehen muss, um Erol eine orthopädische Untersuchung zu ermöglichen. Sie kümmern sich offensichtlich eigentlich sehr gut um ihren Sohn, versuchen wohl auch, Fehler aus der Erziehung der älteren Kinder zu vermeiden. So erfahre ich nach und nach, dass sie Erol vor allem deswegen täglich mittags abholen, damit er sich nicht in Schlägereien verwickeln lässt.

Es hat allerdings durchaus positive Auswirkungen auf die gesamte Beziehungsstruktur, wenn ich die Eltern lobe. So sage ich einmal morgens zu Erols Vater, als der diesem hilft, seine Sachen zu ordnen: »Du hast aber einen tollen Papa, dass er dir so hilft, Erol!« Vater und Sohn strahlen beide. Und es ist auch tatsächlich so: Wenn Erol ein Problem hat, sind die Eltern zur Stelle. das ist lange nicht bei allen Kindern selbstverständlich!

Diese kleinen positiven Erlebnisse sind es, die mich unerschütterlich daran festhalten lassen, dass Erol irgendwie auf die Dauer gut zu integrieren sein wird.

Als ich ihn einmal auf seine doch recht schlechten Deutschkenntnisse anspreche, sagt er, er habe ja immer wieder in den Libanon zurück gewollt, aber dann kamen Kinder und dann ging das nicht. Und dann hat er sich von seiner ersten Frau getrennt und mit seiner jetzigen Partnerin Kinder bekommen, da ging das auch nicht. Und nun fühle er sich eigentlich nirgendwo mehr zu Hause. Ich denke, dass es vielen, vor allem älteren Migranten, so geht und finde das sehr traurig.

Leider ist aber Erol nicht das einzige Kind mit schwierigen Familienverhältnissen.

Auch Murat hat sein Päckchen zu tragen. Eines Tages erzählt Murat im Stuhlkreis, dass sein älterer Bruder ganz viele Waffen habe, er dürfe das aber niemandem verraten. Seine Brüder sind bereits erwachsen. Die Eltern sind freundlich, aber sehr fundamental eingestellt. Seine beiden älteren Schwestern tragen beide ein Kopftuch. Murat ist das jüngste von sieben Kindern.

Nach einigem Nachdenken teile ich diese Aussage der Schulleitung mit, weniger, weil ich dem viel Bedeutung beimesse, als vielmehr, um nichts zu unterlassen oder zu übersehen. Von dort geht die Information aus Sicherheitsgründen an das ReBUZ. Die Schulpsychologin vom ReBUZ ruft mich einige Tage später an und berichtet, sie habe das an den Staatsschutz gemeldet. Nicht genug damit, wieder einige Tage später ruft mich ein Mitarbeiter dieser Abteilung an und teilt mit, dass ein Waffenbesitz ohne Weiteres vorstellbar sei. Man habe den jungen Mann schon länger im Visier und würde in absehbarer Zeit eine Hausdurchsuchung vornehmen. Er gehöre in irgendeiner Form einer Salafistengruppe an und sei als gewaltbereit einzuschätzen. Selbstverständlich dürfe ich darüber nicht sprechen. Das habe ich zwar auch nicht vor, ich muss aber einräumen, dass auch in diesem Falle eine Zweitbesetzung in der Klasse gut gewesen wäre, und sei es auch nur, um mit den eigenen Ängsten und Beunruhigungen ohne Indiskretionen umgehen zu können. Es steht zwar immer wieder etwas in den Zeitungen über Islam, Salafismus und dergleichen, aber es ist doch etwas sehr anderes, wenn man das Thema plötzlich sozusagen hautnah miterleben soll.

Die Hausdurchsuchung findet übrigens statt, allerdings erst fast zwei Monate später, und es werden auch Waffen gefunden. Nach Murats Aussagen zwar nicht alle, aber vielleicht gehört das auch mal ins Reich der Fantasie.

Last but not least gibt es aber natürlich auch deutsche Eltern, die straffällig geworden sind. So unterrichtete ein Bekannter ein Mädchen im 3. Schuljahr, dessen Vater als Dealer im Gefängnis gewesen war. Die Eltern hatten sich während der Haftzeit scheiden lassen. Unglücklicherweise war die Mutter des Mädchens jedoch inzwischen auch drogenabhängig, und es brauchte wohl einiges Zureden, bis sie sich zu einem Entzug entschloss. Da der Vater noch nicht wieder freigelassen worden war und es offenbar keine weiteren in der Nähe wohnenden Verwandten gab, gingen Mutter und Tochter gemeinsam in die Suchtklinik, von wo das Mädchen morgens mittels Taxi in den Unterricht gebracht wurde. Man kann sich denken, was für Sorgen und Nöte dieses Kind gehabt haben muss! Und es war sicher nicht so einfach, den anderen Kindern zu verdeutlichen, dass es schon mal vorkommen kann, dass dieses Mädchen (verkehrsbedingt) zu spät zum Unterricht kommt. Es ist so leicht, als Kind mit Problemen in eine Außenseiterrolle abzurutschen!

# ERZIEHUNGSUNFÄHIGE ELTERN

Das Schlagwort für diesen Abschnitt ist sehr provokant gewählt, dessen bin ich mir bewusst. Leider fällt mir jedoch nichts Besseres ein, um dieses Phänomen zu beschreiben: Man könnte vielleicht beschönigend sagen: »Kumpelhafte Eltern« oder »Antiautoritäre Eltern«.

Im Gegensatz zu früher definieren sich manche Eltern heute mehr als Partner oder Freund der Kinder. Sie verstehen nicht, dass Kinder Regeln und Grenzen brauchen, um sich sicher zu fühlen innerhalb dieser abgesteckten Bedingungen. Kinder brauchen auch einmal ein »Nein«, aber viele Eltern tun sich sehr schwer damit.

Auf einem Elternabend in meinem damals 2. Schuljahr gab es eine sehr interessante Diskussion, weil ein Vater kundtat: »Lars findet es ungerecht, wenn ich abends noch fernsehe und er ins Bett muss. Dann lass ich ihn eben mitgucken.« Lars war zu dem Zeitpunkt acht Jahre alt, und ich bin davon überzeugt, dass die Filme, die sein Vater sich ansieht, nicht unbedingt etwas für den Jungen sind. Aber der Vater blieb auch in der Diskussion bei seiner Meinung. Auch Hinweise darauf, dass es vielleicht ganz gut wäre, wenn Lars einmal ausgeschlafen in den Unterricht käme, verhallten ungehört. Und er war nicht der Einzige mit seiner Meinung. Es gab zwar auch ein paar Eltern, die der Auffassung waren, ein Kind gehöre zu einem bestimmten Zeitpunkt ins Bett, aber sie stellten nicht die Mehrheit dar.

Einige Eltern gaben auch zu, ihrem Nachwuchs zu sagen, sie gingen ja nun auch schlafen, und legten sich ins Bett, bis ihr Kind eingeschlafen war, um dann wieder aufzustehen. Eine Mutter sagte unter dem zustimmenden Lachen anderer Eltern: »Oft genug bin ich dabei tatsächlich eingeschlafen.«

In meinen Augen ist das verkehrte Welt. Kinder brauchen mehr Schlaf als die meisten Erwachsenen, und warum kann man seinem Kind nicht sagen: Du gehst jetzt ins Bett und wir später, weil wir erstens älter sind und weil wir uns zweitens auch noch mal alleine unterhalten wollen? Auch Kinder wollen mit ihren Freunden allein sein und fänden es wohl sehr störend, wenn immer ein Elternteil dabei wäre. Eine solche Erklärung wäre ehrlich und erreicht auch den Erfahrungshorizont jedes Kindes.

Wenn jedoch das »Ungerechtigkeitsargument« des Kindes auf offene Ohren trifft, ist zu befürchten, dass dies nicht nur bei dem Thema »Fernsehen« gut funktionieren wird. Und es ist nicht so, dass er alleine mit seiner Meinung ist. Gut ein Drittel der anderen Eltern sehen das ganz genauso und verhalten sich entsprechend. Das bedeutet, die Kinder diktieren ihren Eltern die Regeln und Normen ihres Heranwachsens, sie selbst erhalten keine Führung. Diese aber brauchen sie, um Sicherheit und Entscheidungskriterien für ihr Leben in die Hand zu bekommen.

Selbstverständlich verhalten sich nicht alle Eltern so, aber den Trend, sich mehr als Partner oder Freund seines Kindes fühlen zu wollen, beobachte ich seit Längerem. Die Ursachen dafür sind vollkommen unterschiedliche.

Die eine Gruppe verhält sich so, weil sie selbst eher strenge Eltern hatte und nun alles anders machen möchte.

Die zweite Gruppe, und die ist meiner Ansicht nach in der Überzahl, hat selbst in ihrer Kindheit kein »normales« Elternvorbild gehabt und weiß einfach nicht, was sie tun soll. Diesen Eltern fehlt die Möglichkeit, freundlich und bestimmt *Nein* zu sagen, wenn es erforderlich ist, und oft genug wissen sie auch nicht, *wann* es erforderlich ist. Das ist für die Eltern nicht einfach, aber für die Kinder ist es noch ungleich schwieriger, weil sie nicht lernen, Grenzen zu erkennen und zu respektieren. D.h. sensible Kinder merken zwar, dass es irgendwo Grenzen gibt, reagieren aber sehr verunsichert, weil sie diese nicht kennen.

Alternativ dazu gibt es Kinder, die lernen, dass sie selbst die »Bestimmer« sind, und das auch in allen anderen sozialen Zusammenhängen einfordern – das sind dann die Kinder, die mancherorts schon als »kleine Tyrannen« bezeichnet wurden.

# SCHWIERIGE FAMILIÄRE SITUATIONEN

Über Christin habe ich bereits im ersten Kapitel kurz berichtet. Über Christins Elternhaus, das möglicherweise einen nicht unerheblichen Anteil an ihrem Fehlverhalten hat, allerdings noch nicht. Christins Eltern sind selbstständig und beruflich erfolgreich, insbesondere die Mutter aber scheint sich selbst nicht als die Erwachsene in der Beziehung zu ihrer Tochter wahrzunehmen. Auffällig ist besonders die Interaktion zwischen Mutter und Tochter, bei der die Mutter sich wie eine Gleichaltrige verhält und dabei gleichzeitig große Unsicherheit ausstrahlt – einen Moment lang habe ich den Eindruck, dass ich zwei Kinder vor mir stehen habe. Ich habe die Mutter während der gesamten Zeit, in der das Kind in meiner Klasse war, nicht einmal lächeln sehen. Sie war viel zu verkrampft und verunsichert und ängstlich gegenüber ihrem eigenen Kind und seinem launischen, klammernden Verhalten.

Ich hatte bereits erwähnt, dass Christin in eine Privatschule gewechselt hatte. Vor einiger Zeit hörte ich, dass die Eltern sich zwischenzeitlich getrennt hätten. Ich vermute, dass in der vielleicht unbewussten Angst des Kindes, eine Trennung der Eltern könne im Raume stehen, die Ursache für ihre Schulverweigerung liegt. Die Art von Klammerverhalten, die Christin an den Tag legte, geht oft einher mit Trennungen.

Auch Arbeitslosigkeit, egal ob frisch oder langfristig, ist eine extreme Belastung für Familien und ihre Kinder. Die im Folgenden beschriebene Situation gibt es häufig in »Problemstadtteilen«. In einem solchen arbeite ich.

Viele »unserer« Eltern sind bereits in der zweiten oder zum Teil sogar dritten Generation arbeitslos. Die damit verbundene Hoffnungslosigkeit hat sich in einer »Nullbockmentalität«

manifestiert. Geld spielt eine große Rolle, reicht nie und wird für die falschen Sachen ausgegeben. Ich war Zeugin einer Diskussion, in der ein Junge beim Einkaufen seine Mutter bat, ihm doch einen Apfel zu kaufen. Die barsche Antwort der Mutter war: »Nee, das kannste von Hartz IV nicht bezahlen.« An der Kasse stand sie zufällig vor mir, und ich beobachtete, wie drei Schachteln Zigaretten und sechs Flaschen Coca Cola bezahlt wurden. Meinen inneren Kommentar zur Prioritätensetzung möge sich jeder selbst denken.

Einige Schulen in unserem Einzugsbereich bieten inzwischen vor Schulbeginn ein Frühstück für bedürftige Kinder an, und das wird auch in hohem Maße angenommen.

Das ist an meiner Schule noch nicht der Fall. Ich finde es allerdings erschütternd, wie viele Familien es inzwischen nicht mehr schaffen – ob nun aus wirtschaftlicher Not, Unkenntnis oder schlichtem Unvermögen –, ihre Kinder im Grundschulalter wenigstens mit einem Frühstück zu versorgen, ehe sie diese in die Schule schicken.

Allerdings gibt es ein Programm, mit dem in den Schulen kostenlos Obst ausgeteilt werden kann. So bekommt an unserer Schule jede Klasse eine große Kiste mit Obst und Gemüse pro Woche gespendet, die reißend Absatz findet. Besonders Bananen, Möhren und Salatgurken sind beliebt bei den Kindern. Gleichzeitig habe ich gelernt, dass nur vier Kinder einen Kohlrabi erkannten.

Außerdem führen wir in den Klassen den sogenannten »Ernährungsführerschein« durch, bei dem die Kinder lernen, wie man mit frischem Obst und Gemüse umgeht (Was muss ich waschen? *Wie* muss ich es waschen? *Warum* muss ich es waschen? Was muss ich schälen?).

Das halte ich für sehr wichtig, vor allem, seit mir vor Jahren eine Mutter sagte: »Rosenkohl? Den isst bei uns keiner, könnte ich auch gar nicht zubereiten. Ich hab keine Ahnung, wie man den sauber macht.« Wenn ich so etwas höre, fühle ich mich hilflos. Wie haben wir denn »früher« Gemüse kennengelernt? Warum hat sich die »normale« Kenntnis von solchen grundlegenden Dingen so verändert? Es kann ja sein, dass Konserven preiswerter sind als frisches Gemüse, aber zumindest eine grundlegende Kenntnis sollte man doch haben!

Auch im Sachunterricht habe ich die Erfahrung gemacht, dass die meisten Kinder zwar Möhren und Erbsen kennen, aber schon bei Blumenkohl wussten einige (deutsche!) Kinder nicht, was das war. Bei anderem Gemüse sieht es ähnlich aus. Auf Elternabenden thematisiere ich zwar immer wieder die Wichtigkeit, dass Kinder frisches Obst und Gemüse brauchen, und das hat auch einen gewissen (begrenzten) Erfolg, aber leider nicht bei allen Eltern.

Ich habe es immer für einen – wenn auch nicht sehr gelungenen – Witz gehalten, wenn Ketchup auf Pommes als »Gemüse« gehandelt wurde; mittlerweile bleibt mir das höfliche Lachen dabei allerdings auch im Hals stecken. Das Wissen um gesunde Ernährung ist noch längst nicht bei allen vorhanden. Es gibt immer noch Eltern, die lautstark ihr Recht auf eigenes Ermessen bekunden: »Wenn ich meinem Kind zwei Milchschnitten geben will, dann mach ich das, egal, was Sie sagen!« Vielen Eltern ist auch überhaupt nicht bewusst, dass Milchschnitten und ähnliche Leckereien keine vernünftige Mahlzeit darstellen, weil ihnen von der Werbung suggeriert wird, dieses Produkt sei durch seinen hohen Milchanteil enorm gesund. Dem entgegenzuwirken, ist beinahe aussichtslos.

Immerhin ist seit diesem Jahr unsere Schule eine sog. »Wasserschule« geworden, d.h. die Kinder dürfen nur noch Mineralwasser trinken. So sind wir immerhin die Energy-Drinks und die stark gesüßten Säfte losgeworden!

Es ist ein seltsames Phänomen, dass diese besondere Un-kenntnis in Sachen Ernährung – obwohl das ungesunde Zeug im Prinzip viel teurer ist – vor allem in wirtschaftlich schwa-chen Verhältnissen auftritt.

Kurioserweise gab es in einer meiner Klassen aber auch das genaue Gegenteil: eine ausgesprochen reiche Familie mit einem Sohn, Noah.

Noah ist das Kind einer sehr guten Mutter und eines ebenso wohlhabenden (Stief-)Vaters. Geld spielt in dieser Familie (k)eine große Rolle, und das wird auch verbalisiert: »Wenn Sie mal etwas anschaffen möchten für die Klasse, sagen Sie Bescheid. Geld spielt bei uns keine Rolle!« Logisch, dass ich das nicht in Anspruch nehme. Dennoch erlebe ich die Mutter bei jedem unserer Ge-spräche durchaus als aufgeschlossen und problembewusst.

Schauen wir uns das Kind dieser Familie an. Noah ist ein hübscher Junge, stets sauber, gut gekleidet, mit vorbildlichen Manieren Erwachsenen gegenüber. In der Schule stellt er sich anders dar. Noah hält sich an keinerlei Regeln, versucht stän-dig zu diskutieren und belügt seine Eltern. Unglücklicherweise glauben sie ihm, wenn er sagt: »Ich muss das nicht lesen üben, weil ich der Beste bin.« Dass sie ihm das glauben, zeigt mir auch, wie wenig sie ihren Sohn eigentlich kennen.

Zu Kindern hat Noah keinerlei Beziehung. Er lehnt sie alle in Bausch und Bogen ab, sie seien dumm, passten nicht zu ihm, stinken etc … Er versucht, sich nur mit Erwachsenen zu ver-bünden. Noah verpetzt seine Klassenkameraden und versucht sich überall durchzuschummeln. Seine Leistungen liegen im unteren Durchschnitt.

Wenn ich neben Noah sitze, um ihn beim Arbeiten zu unter-stützen, arbeitet er nicht, sondern möchte sich unterhalten. »Hast du einen neuen Schal? Der gefällt mir, steht dir gut.« – »Noah, lass den Schal, schau ins Buch!« – »Nö, keine Lust!«

Versuche, eine Unterhaltung auf die Pause zu verschieben, fruchten nicht. Nichtbeachtung in der Hoffnung, dass er sich langweilt und dann zu arbeiten anfängt, nützt auch nichts.

Noah arbeitet nur noch nach »kräftiger« Ansprache. Ich setze ihn an einen anderen Tisch, wo er zunächst schmollt. Ich habe aber doch die Hoffnung, dass er dort besser arbeiten könnte. Dies stellt sich dann allerdings als falsche Hoffnung heraus.

An einem unserer nächsten Ausflüge nimmt die Mutter als Begleitung teil. Sie erlebt ihren Sohn sehr unkooperativ und maulig und ist vollkommen erschrocken. Nach Erklärungsansätzen suchend, verklärt sie den Kindergarten und insgesamt München, woher sie kommen und wohin Noah auch gern zurück möchte. Seiner Meinung nach sind dort seine einzigen Freunde, eine Auffassung, welche die Mutter bestätigt, weil das eben doch »ganz andere Kreise« seien. Meine Hinweise, dass er in einem Jahr Kindergarten hier und einem Jahr Schule keinen Anschluss gefunden hat und dass das vielleicht ja auch an Noah liegen könnte, ignoriert sie.

Sie erzählt, dass sein leiblicher Vater ihm als Anreiz zum Lernen alles Mögliche versprochen hat, zum Teil sehr hochpreisige Gegenstände. Ich wiederum versuche zu verdeutlichen, dass ich das für eine Schnapsidee halte, und versuche ein Gefühl dafür zu wecken, dass Noah keine materiellen Dinge braucht, sondern Zuwendung. Aber gleichgültig, was ich sage, es gelingt mir nicht, mich der Mutter verständlich zu machen.

Mein Eindruck ist, dass Noah ein zutiefst unglückliches Kind ist, das eigentlich nicht Kind sein darf und nur von Geld umgeben ist. Eigene Interessen der Eltern oder des Kindes nehme ich nicht wahr.

Die Mutter nimmt sich in den kommenden Ferien mehr Zeit für Noah, und sie macht viel Programm, damit sie ihm etwas bietet. Nur im Sand zu buddeln oder zu spielen käme für sie nicht in Betracht. Und so erzählt Noah dann von Ferien, in denen er reiten war, Surfen gelernt hat, schwimmen war ... Und als ich ihn frage, was am besten war, sagt er: »Als ich mit Opa gebastelt habe.«

Nach den Sommerferien ist es fast noch schlimmer als vorher, wenn das möglich ist. Noah tut absolut nichts. Er stochert in seinem Etui, bemalt Tische, unterhält sich mit anderen, fängt halbherzig mit einer Aufgabe an, die er aber drei Sekunden später wieder lässt. Wenn ich mit ihm rede, nickt er nur, er scheint völlig resigniert zu haben. Ich erlebe ihn als zutiefst emotional verwahrlostes Kind. Die Mutter erzählt, was sie alles mit Noah gemacht hat in den Ferien und fordert ihren Sohn häufig auf, doch »auch mal was zu sagen« – Noah sitzt nur mehr oder weniger unbeteiligt daneben.

Es ist offenkundig, dass die Mutter der Auffassung ist, dass sie sich von ihrem Job freigeschaufelt hat, um alles Mögliche mit ihrem Sohn zu unternehmen, und das als große Errungenschaft empfindet. Ich glaube auch, dass das sicher nicht einfach für sie war. Sie begreift aber leider nicht, auch nicht nach Erklärung, dass der Sohn aber eigentlich nur mit ihr Zeit verbringen möchte, ohne unbedingt etwas Spektakuläres zu unternehmen. So bekommen beide nicht, was sie wollen: Er eine Mutter, die sich für ihn interessiert, und sie einen Sohn, der pflegeleicht und angepasst ist. Ich finde die ganze Beziehung zutiefst verstörend und traurig, weiß aber auch, dass man als Lehrerin hier nur wenig bis nichts ausrichten kann.

Das zweite Problem sind natürlich Noahs schwache Leistungen, die die Mutter ebenfalls nachhaltig schockieren – Noah hat ihr ja schließlich immer erzählt, er sei der Beste von allen. Ich erkläre der Mutter deutlich, dass er das Schuljahr voraussichtlich im gegenwärtigen Verweigerungsmodus nicht schaffen wird, und ihr ist das auch bewusst, sie weiß aber nicht, was sie tun soll – ich eigentlich auch nicht. Man kann ja niemanden zum Arbeiten zwingen.

Ich schlage vor, das Kind beim ReBUZ vorzustellen, und die Mutter stimmt zu. Wie üblich kommt eine Psychologin zum Unterrichtsbesuch, um sich Noah anzuschauen. Dieser scheint sich völlig aufgegeben zu haben, er lümmelt auf dem Tisch herum, stört andere und beginnt auch dann nicht zu arbeiten, wenn ein Erwachsener neben ihm sitzt. Eine Testung durch die Psychologin bringt wie erwartet vollkommen normale Lernausgangsbedingungen.

In einem Gespräch kommen wir zu dem Schluss, dass Noah sich in dieser Klasse – einer sozialen Brennpunktklasse – ebenso wenig wohl fühlt wie in dem Kindergarten, der zu dem gleichen Einzugsbereich gehört. Diese Einstellung wird sicher bewusst oder unbewusst von den Eltern, vor allem der Mutter, gefördert, aber das sind nun mal leider die Bedingungen, unter denen hier anzusetzen ist.

Wir schlagen der Mutter eine Überweisung an eine andere Schule vor. Diese hat anfangs große Vorbehalte; da ihr aber bewusst ist, dass es so auch nicht weitergehen kann, stimmt sie dem schließlich zu. Bei mir bleibt ein Gefühl des Versagens zurück. Was hätte ich unter den gegebenen Bedingungen anders machen können? Oder besser: *Hätte* ich etwas anders machen können?

Nach einer Probewoche entscheidet Noah sich für die neue Schule.

Letztlich war dies auch die einzige Alternative, die wir Noah bieten konnten, denn im Rahmen der Inklusion darf ein Kind in Bremen eine Klasse nur noch dann wiederholen, wenn die Eltern einen Antrag auf freiwillige Wiederholung stellen und ein Platz in der aufnehmenden Klasse vorhanden ist; darüber hinaus muss davon ausgegangen werden können, dass eine solche Wiederholung die Leistungen mit Sicherheit verbessert. Letzteres wäre bei Noah sicher nicht der Fall gewesen. Im Grunde genommen aber sollen alle Kinder ja durch die Inklusion dort abgeholt werden, wo sie leistungsmäßig stehen, und durch diese Individualisierung des Unterrichtsangebotes soll ein »Sitzenbleiben« dann unnötig werden.

## GEWALTTÄTIGE ELTERN

Dann gibt es aber auch Kinder, die zu Hause misshandelt werden und darauf sehr unterschiedlich reagieren. Manche ziehen sich in sich zurück, andere reagieren mit Aggression. Dazu gehört zum einen Kim, über die ich schon berichtete. Ein anderes krasses Beispiel war für mich Kevin. Seine Mutter hat ihn in recht jungem Alter bekommen und sich dann mit einem sehr herrschsüchtigen Mann zusammengetan. Dieser schlug Kevin häufig. Kevin selbst machte, was er wollte, stand auf, verließ den Klassenraum, kam (manchmal) nach kurzer Zeit zurück, manchmal nach längerer – blieb allerdings nie ganz weg und lief auch nie nach Hause. Es war deutlich, dass er am liebsten nie zu Hause war. Er trug täglich den gleichen Pullover, der an Freitagen dann eine Wochenübersicht der zubereiteten Lebensmittel aufwies, offenbar zwischendurch gewaschen wurde und am Montag wieder zum Einsatz kam. Er zog Kindern die Stühle weg, lief herum und verteilte Kopfnüsse, kurz: Er verhinderte Unterricht. Ich stand vor dem Dilemma, dass ich einerseits die Eltern hätte einschalten müssen, andererseits aber befürchtete, dass das Kind dann wieder geschlagen werden würde. Schließlich bestellte ich sie aber doch ein und sagte beiden auch zu Beginn des Gesprächs, ich ginge davon aus, dass sie Kevin nach unserem Gespräch nicht bestrafen würden, weil sich dessen Probleme dadurch nicht lösen ließen. Natürlich wurde er trotzdem geschlagen, und ich wandte mich an das Jugendamt.

Nach vielem Hin und Her wurde Kevin aus der Familie genommen und kam in eine sogenannte Wochenpflege. Das bedeutet, er ist von Montag bis Freitag in einer Einrichtung, die sich um ihn kümmert, und besucht die Grundschule des Stadtteils. Nur am Wochenende kommt er nach Hause.

In meiner aktuellen Klasse bereitet mir zurzeit in dieser Beziehung Liam große Sorgen. Ein Mitarbeiter war auf ihn aufmerksam geworden, als er nach Unterrichtsschluss heimfahren wollte. Liam trödelte auf dem Parkplatz herum und sagte zu ihm: »Ich möchte lieber sterben.« Zunächst nahm der Mitarbeiter diese Äußerung nicht ernst, kannte Liam auch nicht. Dann bemerkte er doch eine Not des Kindes und setzte sich mit diesem zusammen. Das, was Liam ihm erzählte, war im Wesentlichen das, was er auch mir dann auf Nachfrage berichtete:

Sein Vater würde ihn oft schlagen, »aber nur, wenn ich Mist gebaut habe«. Auf die Frage, wann er denn Mist baue, sagte er: »Oft, glaub ich!« In schlimmen Fällen würde er mit dem Gürtel geschlagen, das wäre sehr schmerzhaft. Seine Mutter würde aber zu ihm halten, und sie hätte auch gesagt, dass sie immer zu ihm stehen würde.

Wir besprechen den Vorfall am gleichen Tag im Team, bestehend aus Sonderschullehrerin, Schulleitung, ReBUZ-Leitung und mir, und kommen zu der einstimmigen Entscheidung, die Mutter einzubestellen – ohne den Vater – und mit ihr darüber zu sprechen. Dabei werden wir ihr mitteilen, dass wir beim Jugendamt eine Anzeige wegen Kindeswohlgefährdung machen werden. In diesem Zusammenhang ist natürlich höchst problematisch, dass damit die Tür einer Zusammenarbeit zwischen Schule und Elternhaus zugeschlagen ist. Diese hat aber ja offensichtlich in den letzten Jahren ohnehin nicht viel gefruchtet, denn sonst würde das Kind nicht misshandelt werden. Leider ist Liam in seinem Verhalten nicht unproblematisch, es gibt häufig Regelverstöße, und er verweigert ab und an die Mitarbeit. Die Eltern wollen über solche Ereignisse täglich informiert werden, aber das werde ich natürlich nicht machen, wenn ich davon ausgehen muss, dass ich dann für Misshandlungen des Kindes verantwortlich bin. Die Lage ist und bleibt schwierig.

Das Gespräch mit der Mutter findet statt zusammen mit einer Kollegin und mir und erweist sich erwartungsgemäß als sehr schwierig. Die Mutter hört nur »Anzeige wegen Kindeswohlgefährdung« und gerät völlig außer sich. Erst nach und nach begreifen wir, dass der Begriff »Anzeige« in einem solchen Kontext sicher nicht der glücklichste ist. Dennoch erklären wir, dass ihr Sohn Hilfe brauche. Sie sieht das auch ein und erklärt, sie selbst habe auch große Probleme mit ihm, aber gleich das Jugendamt …? Ich frage, wie sie es denn ausgehalten habe, zuzusehen, wie ihr Mann ihren Sohn misshandle? Sie erwidert, das sei ihr schon schwergefallen, und es sei ja auch keine richtige Misshandlung gewesen. Was sie unter »richtiger« Misshandlung versteht, bleibt offen. Wir vereinbaren einen noch engmaschigeren Kontakt als zuvor.

Ein paar Tage später bedroht Liam ein anderes Kind. Er wolle es umbringen und ihm das Herz herausreißen. Das geschieht an einem Tag, an dem ich nicht in der Schule bin. Einige Kolleginnen kümmern sich um ihn und veranlassen ihn, über seine Probleme zu sprechen und ein Bild zu malen. Dieses ist zugegebenermaßen extrem schaurig und gibt zu großer Sorge Anlass. Das Jugendamt wird informiert, aber die Kolleginnen erhalten die Antwort, sie sollten gelassen bleiben, schließlich sei ja noch nichts passiert.

Solche Antworten werde ich nie begreifen. Immer wieder liest man in den Medien von Kindern, die zu Tode kommen, obwohl das Jugendamt um die verheerenden Zustände in den jeweiligen Elternhäusern wusste. Dann zu sagen, es sei ja noch nichts passiert, empfinde ich als blanken Zynismus!

Da die Mühlen der Behörden leider auch in solchen Fällen, wenn sie denn etwas täten, eher langsam und gemächlich mahlen, kommen wir zu dem Entschluss, Liam an Tagen, an denen ich nicht in der Schule war, zu Hause zu lassen. Das scheint uns zu seiner Sicherheit und vor allem zu der der anderen Kinder richtig.

Wie es weitergehen wird mit Liam, weiß ich nicht. Er wird irgendwann die Grundschule verlassen, und damit kommt er aus dem schützenden Kokon mit nur wenigen Bezugspersonen heraus. Ich habe Zweifel, ob es gelingen wird, ihm adäquate Unterstützung in einem von Fachlehrern dominierten Schulsystem anzubieten, und hoffe nur, dass das Jugendamt rechtzeitig reagiert.

# 4. KAPITEL

# PROBLEM-FELD 3

## LEHRER

Eine der Variablen für Inklusion, und nicht die unwichtigste, ist die Gruppe der Lehrer und Lehrerinnen. Ihnen wird die Aufgabe der Inklusion übertragen, ohne sie bei dieser Entscheidung oder der Umsetzung mit ins Boot zu holen. Im Allgemeinen wird einfach vorausgesetzt, dass alle Lehrkräfte hoch motiviert sind, eine inklusive Beschulung umzusetzen. Inzwischen mehren sich aber auch Stimmen, die diese Überzeugung infrage stellen. Laut einer Umfrage lehnen 41 % der LehrerInnen die Inklusion ab und möchten behinderte und nicht behinderte Schüler nicht gemeinsam unterrichten (Beamten Infoportal 9.1.2017).

Bei aller Berechtigung der Inklusion – viele Stolpersteine, die in ihrem Weg liegen, wären zu vermeiden, wenn man die Lehrkräfte in die Entscheidungsprozesse einbeziehen würde, anstatt über ihre Köpfe hinweg Entscheidungen zu treffen, die fundamentale Veränderungen für ihr berufliches Leben bedeuten. Letztlich liegt es auch daran, dass ein beträchtlicher Anteil der Lehrerinnen und Lehrer Inklusion schlicht ablehnt: Sie fühlen sich überfordert, übergangen oder sind auch einfach nicht vom Konzept überzeugt.

Diejenigen, die sich überfordert fühlen, haben zum einen den Eindruck, dass ihnen Aufgaben auferlegt werden, für die sie nicht ausgebildet sind. Der Umgang mit behinderten Menschen, so argumentieren sie, ist nicht umsonst Teil einer eigenen Berufsausbildung, die zumindest in den meisten Bundesländern noch nicht fester Bestandteil des universitären Curriculums ist. Die Lehrerinnen und Lehrer können daher entweder »on the job« lernen, oder sie haben Pech gehabt.

Die Argumentation, es sei kein Problem, entsprechende Fortbildungsangebote zu nutzen, wird durch die mangelhaften Fortbildungsangebote konterkariert. Natürlich kann ich einen berufsbegleitenden Master »Inklusion« machen – aber um den Preis, dass ich für zwei Jahre eine erhebliche Doppelbelastung in Kauf nehme. Warum sind diese Lerninhalte nicht schon längst im Studium enthalten? An der Universität Bremen z.b. gibt es nach wie vor die Unterteilung in den Studiengang »Lehramt für Oberschulen und Gymnasien«, mit einem Unterpunkt »Umgang mit Heterogenität« im Umfang von geradezu lächerlichen 15 CP (Credit Points) von 300 CP für den gesamten Studiengang, d.h. gerade mal 5 % des Studiums (!), und den Studiengang »Lehramt für Inklusive Pädagogik/Sonderpädagogik« (www.uni-bremen.dc/studium/orientieren bewerben/ studienangebot/lehramt/gymnasiumoberschule.html).

Die AbsolventInnen des erstgenannten Studiengangs werden aber an den Schulen mit Aufgaben betraut, als seien sie die sprichwörtlichen »eierlegenden Wollmilchsäue«, als hätten sie quasi beide Studiengänge absolviert – aus schlichtem Mangel an tatsächlich qualifizierten Kräften.

Dann gibt es die Gruppe der Lehrer, die sich ohnehin schon überfordert fühlt – und es oft auch ist –, und die argumentiert: »Ich habe schon so viele schwierige Kinder in meiner Klasse, ich schaffe es nicht auch noch, mich um ein behindertes Kind zu kümmern.«

Das kann durchaus zutreffen, denn viele der verhaltensauffälligen Schüler und Schülerinnen zeigen manchmal noch heftigere Verhaltensweisen, wenn sie den Eindruck haben, ein anderes Kind – in diesem Fall das behinderte – nimmt ihnen etwas von der Aufmerksamkeit der Lehrer und Klassenkameraden weg. Es kann allerdings auch durchaus vorkommen, dass sich gerade einige dieser Kinder besonders intensiv um ein behindertes Kind kümmern und es vor anderen beschützen. Nur – kein Lehrer kann im Voraus wissen, wie es sein wird, und Nichtwissen schürt häufig Ängste.

Neue Kinder versprechen so oder so immer Unruhe in die Klassengemeinschaft zu bringen. Wenn dieses Kind dann aber auch noch voraussichtlich enorme Aufmerksamkeit bündelt, ist es nachzuvollziehen, dass die Lehrkräfte mit Sorge darauf schauen, insbesondere, wenn wiederholte Hilferufe aus den Schulen nach mehr qualifiziertem Personal seit Jahren ungehört verhallen.

Allerdings gibt es natürlich auch diejenigen Lehrkräfte, die aus unterschiedlichen Gründen generell nicht vom Konzept der Inklusion überzeugt sind. Dies ist aktuell insbesondere an Gymnasien zu beobachten. Oftmals gibt es die Überzeugung, dass Kinder mit Einschränkungen nicht produktiv am Regelunterricht teilnehmen können. Dies kann auch je nach Ausmaß der Einschränkung durchaus zutreffen. Es ist ja auch durchaus eine berechtigte Frage, ob z.B. Kinder mit massiven Lernschwächen oder geistigen Behinderungen wirklich etwas mit *Hamlet* oder den Idealen der Französischen Revolution anfangen können, ganz egal, wie weit man differenziert – oder ob es nicht viel sinnvoller wäre, ihnen Dinge wie alltägliche Lebensbewältigung beizubringen: Einkaufen, Kochen, Behördengänge.

Manche LehrerInnen sind der Ansicht, dass behinderte Schüler bei normalem Unterricht im Nachteil sind und dadurch die Grundidee der Inklusion verloren geht. Das wird auch sicher so sein, wenn sich der Unterricht nicht maßgeblich verändert. Mit der alten Methode des Frontalunterrichts wird man weder die leistungsschwachen SchülerInnen erreichen noch die leistungsstarken. Das zählt heute zum pädagogischen Allgemeinwissen. Aber: Es gibt sie noch, die Lehrerinnen und Lehrer, die eine vollkommen andere Ausbildung hatten, die mit Öffnung des Unterrichts nichts anfangen können und sich hilflos und verunsichert fühlen. Soll man sie nun ausrangieren, und das in einer Zeit, in der Lehrkräfte händeringend gesucht werden? Soll man sie zu »Hilfslehrern« machen, die jüngeren KollegInnen zur Hand gehen?

Ich meine, dass dies auch keine Lösung ist. Aber: Wenn diesen LehrerInnen ein Teamteaching ermöglicht wird, könnten sie von anderen lernen. Und dieses Teamteaching müsste sich über den gesamten Schultag erstrecken, und zwar nicht nur bei KollegInnen, denen moderne Unterrichtsmethoden noch nicht so leicht von der Hand gehen. Insgesamt kann jeder von einer Doppelbesetzung profitieren, sowohl die Lehrer als auch die Schüler.

Leider muss man aber auch feststellen, dass es noch immer Lehrkräfte gibt, die Vorbehalte insbesondere gegenüber behinderten Kindern haben.

Lehrkräfte sind nicht nur Profis, sie sind auch Menschen. Das bedeutet, dass sie genauso wie andere auch Einschränkungen und Defizite haben. Bedauerlicherweise ist es in unserer Gesellschaft nicht so leicht, dazu zu stehen. Es gibt sie aber, die Lehrkräfte mit einem Ekel vor Behinderungen unterschiedlicher Art, mit Berührungsängsten, mit Unsicherheit. Es ist völlig sinnlos, ihnen zu sagen, dass diese Haltung »unmöglich« ist, »nicht geht« und dergleichen mehr. Diesen LehrerInnen wäre vermutlich auch wohler, wenn sie sich eine andere Einstellung erarbeiten könnten. Aber die Erarbeitung von Einstellungen ist nicht leicht, und sie fällt umso schwerer, je älter die betreffende Lehrkraft ist. Manchmal gibt es Aha-Erlebnisse, aber sie sind leider selten.

Ein solches habe ich vor einigen Jahren bei einer Kollegin erlebt, die unglaubliche Furcht vor einem Kind mit Trisomie 21 hatte, das als Neuzugang in ihre Klasse kommen sollte. Es stellte sich heraus, dass dieses Mädchen, wie viele Kinder mit dieser Form der Behinderung, zwar intellektuell leicht eingeschränkt war, aber ansonsten ein sehr sonniges und fröhliches Wesen hatte. Die Kollegin stellte fest, dass sie selbst nicht nur rasch ihre Berührungsängste ablegte, sondern dass auch die Klasse das

Mädchen schneller aufnahm, als sie je gedacht hätte. Die Kinder kümmerten sich sehr einfühlsam um dieses Kind, und es war in kurzer Zeit völlig in die Klassengemeinschaft integriert.

An dieser Stelle zeigt sich wieder einmal, dass Kinder oft weniger Vorbehalte gegenüber Andersartigkeit haben als Erwachsene. Allerdings weist diese Kollegin auf Nachfrage auch darauf hin, dass eben nicht jedes behinderte Kind so unproblematisch zu inkludieren ist, und das stimmt natürlich auch. Im Grunde genommen ist es eine Frage der Menge: Ein oder zwei behinderte Kinder können häufig ohne größere Schwierigkeiten inkludiert werden, bei mehr als vier Kindern kann das schon, je nach Grad der Einschränkung, völlig unmöglich sein, jedenfalls bei den gewöhnlichen personellen Ressourcen.

Leider sind solche Erfahrungen nicht sehr häufig. Der Abwehr vieler Lehrkräfte kann man auch nur schlecht mit Fortbildungen begegnen, denn diese finden am grünen Tisch statt und haben mit den tatsächlich auftretenden Problemen meist nicht sehr viel zu tun.

Meine persönliche Erfahrung mit diesen Fortbildungen zeigt, dass sie meistens darin enden, dass eine Gruppe von Lehrkräften ratlos in einem Stuhlkreis sitzt und es weniger praktische Hilfe, als vielmehr so eine Art Selbsthilfegruppen-Effekt gibt. Die beste Quelle für notwendige Hilfe sind meist die ZUP-Leitungen und SonderpädagogInnen der Schulen; allerdings sind davon so wenig vorhanden, dass sie sich kaum auf jedes einzelne Kind einstellen können, das prinzipiell ihrer Hilfe bedürfte und darum sicher nicht viel Zeit in die »Ausbildung« von Kollegen investieren können.

Für massiv hilfebedürftige Kinder gibt es zusätzlich zu den Sonderschulkollegen Assistenzen, allerdings oft nur stundenweise. Ihre Beantragung ist außerdem mit hohen Hürden verbunden, und auch hier gibt es zwar mehrere Träger in Bremen, aber alle mit zu wenig Personal. Klagen darüber werden von der zuständigen Schulbehörde abgeschmettert oder entschuldigt, aber ändern tut sich nichts. Ein Kollege bekam vor einiger Zeit zu hören, es ginge bei der Inklusion ja in erster Linie um die Erfüllung der Rechte der Kinder und nicht um seine persönliche Bequemlichkeit.

Ein Fall aus meiner persönlichen Bekanntschaft, der eine Assistenz bekommen hat, ist Rasmus. Rasmus sitzt schon annähernd sein ganzes Leben lang im Rollstuhl. Bei der Einschulung stand die Schule aus heiterem Himmel vor enormen Problemen: Es gab keine rollstuhlgerechte Toilette, und ausnahmslos alle Klassenzimmer waren über Treppenstufen erreichbar. Keine der Außentüren war für Rasmus ohne Hilfe zu öffnen, und auch die meisten Flächen des Schulhofes, der sich über mehrere Ebenen erstreckte, waren für Rasmus nicht erreichbar. Die Schule und insbesondere die eingesetzte Klassenlehrerin mussten trotzdem schnell reagieren – es wurden exakte Pläne geschrieben und Treppenlifts installiert, eine Assistenz beantragt, die Rasmus jetzt stundenweise betreut, und einer der Waschräume wurde behindertengerecht umgestaltet. Davon ganz abgesehen musste sich die Klassenlehrerin darauf einstellen, dass die Assistenz nicht immer vor Ort sein konnte und Rasmus z.B. für Toilettengänge durchaus auch mal ihre Hilfe benötigen könnte (auch wenn dies im Laufe der Zeit immer besser alleine klappte). Da Lehrkräfte aber heute sehr darauf achten müssen, nicht in den Ruf von sexueller Belästigung zu kommen, lehnte die Klassenlehrerin die hier erforderlichen Hilfestellungen zu Recht ab und bat die Mutter, an längeren Tagen zumindest stundenweise anwesend zu sein, was auch gut funktionierte.

Dies ist ein Einzelfall, aber es wird keiner bleiben, weil eben im Zuge der Inklusion zunehmend mehr Kinder mit erhöhten

Bedarfen in die Schulen kommen. Alle Schulen müssten von daher zunächst einmal behindertengerecht, d.h. barrierefrei, ausgestattet werden, bevor das Wort *Inklusion* auch nur auftauchen dürfte,

Last but not least gibt es die Gruppe der Lehrkräfte, die hochmotiviert in die Inklusion eingestiegen sind und die inzwischen ausgebrannt sind, leer und verzweifelt.

Ich habe miterlebt, wie eine frühere Kommilitonin voller Elan eine der ersten Inklusionsklassen übernahm. Nach etwa vier Monaten war sie nicht mehr dienstfähig. Sie erzählte von einem Jungen mit Downsyndrom, der gezielt von zwei anderen Jungen tyrannisiert worden war, von Erpressungen der Kinder untereinander, von Eltern, die kategorisch forderten, dass ihr (leistungsstarkes) Kind stärker gefördert werden müsse, von drei Kindern mit massiven Verhaltensauffälligkeiten, die ihr den Unterricht öfter unmöglich machten. Meine Frage: »Hast du denn niemanden mit in der Klasse?« quittierte sie mit einem bitteren Lachen und der Aussage: »Doch, ich habe sogar täglich zwei Stunden eine Doppelbesetzung. Aber nur, wenn sie nicht vertreten muss, und bei uns ist der Krankenstand ziemlich hoch. Ich habe die Doppelbesetzung in diesem Schuljahr (nach vier Monaten!) erst an sieben Tagen gehabt.«

Ich denke, LehrerInnen, die so arbeiten müssen, können das nicht durchhalten und keiner darf es von ihnen verlangen! Und schon gar nicht können sie den Inklusionsgedanken gegenüber Skeptikern vertreten. Denn diese Geschichte ist kein Einzelfall. Insbesondere unter meinen jüngeren KollegInnen stelle ich nach wenigen Jahren inklusiver Schule einen gewissen Zynismus fest, den ich sehr bedaure. Hier sind junge Menschen hoch motiviert in ihren Beruf eingestiegen und vom Konzept Inklusion überzeugt, schaffen es jedoch nicht, allen Anforderungen gerecht zu werden.

Eine jüngere Kollegin meiner Bekanntschaft unterrichtet an einer Oberschule Englisch und Deutsch. Sie sieht in der Woche mehr als 100 Kinder in Hauptfächern, mit unterschiedlichen Einschränkungen und Problemen: Autismus, ADHS, verschiedenste Lernschwächen in diverser Ausprägung, mangelhaften Deutschkenntnissen, unterschiedlichen Traumata, hoher Gewaltbereitschaft …

Unterstützung durch die Sonderpädagoginnen ihrer Schule bekommt sie wegen Stundenmangels nur in den Pausen. In den 25 Stunden, die sie in inklusiven Klassen Hauptfächer unterrichtet, bekommt sie in sage und schreibe null Stunden Unterstützung durch qualifiziertes Personal. Um sich überhaupt über Wasser halten zu können, sucht sie sich inzwischen gezielt ReferendarInnen und PraktikantInnen, damit sie wenigstens eine zweite Kraft im Raum hat.

Diese Kollegin ist zutiefst davon überzeugt, dass das Prinzip Inklusion nicht mehr diskutiert werden darf – aber sie sagt ganz klar: »Inklusion scheitert daran, dass Bremen es als Sparmaßnahme fährt. Es geht hier nicht um die Belange der Kinder, die Kinder werden als Nummern behandelt, nicht als Menschen mit vielfältigen Bedürfnissen. Wir Lehrer sollen das auffangen – aber an einer solchen Mammutaufgabe müssen wir zwangsläufig scheitern!«

Wenn man keine Chance hat, seinem Job noch gerecht zu werden – wie soll man da in irgendeiner Form Jobzufriedenheit erleben?

Eine andere Kollegin bekam einen Jungen aus einer anderen Schule als Strafversetzung in ihre Klasse. Im Vorfeld wurde ihr mitgeteilt, dass der Junge von mehreren Schulen verwiesen wurde, unter anderem wegen gewaltsamer und sexueller Übergriffe auf andere Kinder. Die Beschulung des Kindes ablehnen durfte sie nicht, sie musste den Jungen in ihre Klasse aufnehmen.

Bereits in der ersten Woche musste sie ihm die Teilnahme an den Hofpausen untersagen und ihn in dieser Zeit selbst betreuen, da die Gewaltakte gegen andere Kinder direkt eskalierten. Eigene Pausen hatte sie fortan nicht mehr. Elterngespräche waren fast unmöglich, weil die Mutter kein Deutsch sprach und der Vater sich weigerte, überhaupt noch mit der Schule zusammenzuarbeiten.

Nachdem der Junge im laufenden Unterricht mit einer Schere auf andere Kinder losgegangen war, informierte die Lehrkraft ihren Dienstherrn mittels Überlastungsanzeige, dass sie nicht mehr für die Sicherheit der übrigen Kinder garantieren könne. Die Behörde meldete sich bei der Schulleitung, mit der Frage, ob die junge Frau, die ja noch in der Probezeit sei, etwa mit den Anforderungen ihres Berufs nicht fertig würde. Im Interesse ihrer beruflichen Laufbahn musste sie die Anzeige danach zurückziehen.

Wenn sich Lehrkräfte in solch einer Situation alleingelassen fühlen – wer wollte es ihnen übel nehmen? Und wie passt so etwas mit der Fürsorgepflicht der Behörden gegenüber ihren Arbeitnehmern zusammen? Ich finde es bei solch einer Situation nicht überraschend, dass ein solcher Lehrermangel herrscht. Überraschend finde ich eher, dass sich überhaupt noch junge Menschen für diesen Beruf interessieren.

In diesem Zusammenhang stelle ich fest, dass manche älteren Kollegen und Kolleginnen im Gegensatz zu den vorgefassten Meinungen vieler durchaus belastbar sind, manchmal sogar belastbarer als ihre jungen KollegInnen. Ich führe das ein bisschen darauf zurück, dass man in etwas höherem Alter schon häufiger die Erfahrung gemacht hat, dass vieles, was anfangs sehr ungut wirkt, sich im Laufe der Zeit zurechtrückt. Während man als JunglehrerIn noch glaubt, man müsse alles allen beibringen können, lernt man im Laufe der Zeit, dass man das nicht immer kann und manchmal auch nicht muss, und dass Kinder auch ohne Kenntnis mancher Dinge durchaus glücklich und ein nützliches Mitglied der Gesellschaft sein können.

Die Unzufriedenheit gilt übrigens auch für die SonderpädagogInnen. Zahlreiche meiner KollegInnen beklagen, dass sie inzwischen für so viele Kinder zuständig sind, dass sie kaum noch eine Beziehung zu den einzelnen Kindern aufbauen können. Wie soll das auch gehen? Bei einer Kollegin in einer Oberschule war im gesamten letzten Schuljahr nur dreimal die Sonderschullehrkraft zugegen, wenn sie Englisch unterrichtete – in der übrigen Zeit musste sie vertreten oder war krank. Das führte dazu, dass die Kinder, die sie eigentlich betreuen sollte, keinerlei Bindung zu ihr aufbauten und sie mehr als eigenartigen, seltenen Gast betrachteten. Es gibt aber kindliche Einschränkungen, bei denen alles von dem Aufbau einer gesunden und belastungsfähigen Beziehung abhängt, so z. B. bei allen Formen des Autismus. Kinder mit Problemen aus dem autistischen Spektrum sind auf feste Bezugspersonen angewiesen, die unbedingt zuverlässig für sie da sind. Da stellt es häufig schon eine Katastrophe dar, wenn diese Person einmal z.B. krankheitsbedingt nicht anwesend ist. Wenn aber von vornherein mit Defizit geplant wird, ist eine inklusive Beschulung autistischer Kinder eigentlich nicht machbar. Auch andere Verhaltensauffälligkeiten machen die Anwesenheit einer zuverlässigen Doppelbesetzung erforderlich. Wo dies misslingt, ist ein funktionierendes Förderkonzept vollkommen unmöglich.

Dann tritt folgender Effekt ein: Die reguläre Lehrkraft ist mit der Beschulung der FörderschülerInnen überfordert, denn kein Mensch kann für jede Stunde Unterricht auf vier bis fünf Niveaus vorbereiten und zugleich auch noch parat stehen, um den diversen Hilfsbedarfen während der Stunde gerecht zu werden. Die Sonderschullehrkraft wird anderswo eingesetzt. Die

FörderschülerInnen werden allein gelassen und haben nichts vom Unterricht. Häufiges Ergebnis: Sie beginnen zu stören. Im Umkehrschluss beginnt die Regelschullehrkraft, die FörderschülerInnen als Störenfriede und Mehrbelastung wahrzunehmen, und die Spirale bewegt sich weiter abwärts. Am Ende verlieren alle.

An meiner jetzigen Grundschule gibt es die Regelung, dass unsere beiden Sonderschulkolleginnen nicht zur Vertretung herangezogen werden – es sei denn, es fehlt wirklich mal mehr als die Hälfte des Kollegiums. Aber normalerweise geht der Fördergedanke vor, und das ist gut so.

# 5. KAPITEL

# PROBLEM-FELD 4

# INSTITUTIONELLE STRUKTUREN

Die Schulsysteme sind in den Bundesländern nicht einheitlich aufgebaut. Das beginnt schon in der Grundschule. Während in allen Bundesländern die Grundschulzeit vier Jahre dauert, gehen die Berliner und die Brandenburger Kinder sechs Jahre in die Grundschule. Danach beginnt ein Begriffschaos: Die Jahrgänge 5 bis 10 werden in Nordrhein-Westfalen und in Sachsen-Anhalt als Sekundarschule bezeichnet, in Thüringen als Regelschule, in Bayern und in Baden-Württemberg als Realschule, in Hamburg gar als Stadtteilschule, ein Begriff, der in Bremen beispielsweise komplett anders besetzt ist. In Mecklenburg-Vorpommern gibt es die Regionale oder Integrierte Gesamtschule, in Sachsen die Oberschule, im Saarland und in Schleswig-Holstein die Gemeinschaftsschule. In jedem Bundesland gibt es dazu die Gymnasien. Und genauso läuft es mit der Inklusion.

In Berlin haben die Eltern beispielsweise die Wahl, ob sie ihr Kind mit sonderpädagogischem Förderbedarf an einer allgemeinbildenden Schule oder an einer Schule mit sonderpädagogischem Förderschwerpunkt anmelden wollen. Diese Entscheidung treffen auch die Eltern in Mecklenburg-Vorpommern, Sachsen, Rheinland-Pfalz und Niedersachsen.

In Bremen ist vieles anders, so auch die Inklusionssituation, denn: Bremen leistet sich ein 2-Säulen-Modell.

Auf der einen Seite stehen die acht übrig gebliebenen Bremer Gymnasien, die pro Jahrgang im Vergleich zu den Oberschulen extrem überangewählt werden. Im Schuljahr 2018/2019 sehen die Zahlen der senatorischen Behörde vor, dass alle Gymnasien in Bremen zwischen vier und sechs neue Klassen eröffnen, in manchen Fällen mit einer Regelfrequenz von 29 oder sogar 30 Fünftklässlern. An sechs der acht Gymnasien musste gelost werden, weil es mehr Bewerber als Plätze gab. In Summe heißt das konkret, dass 1.063 SchülerInnen nach der Grundschule auf ein Gymnasium wechseln werden.

Die *Gesamt*zahl der SchülerInnen, die nach den Sommerferien wechseln werden, beträgt gerade einmal 3.856.

Was heißt das konkret für die Schulen? Es heißt, dass gut 27,5 % des aktuellen Jahrgangs auf ein Gymnasium wechseln. Es heißt, dass die Oberschulen nicht ganz ohne Grund im Volksmund auch »Restschulen« genannt werden. Es heißt, dass der Eindruck entsteht, die Gymnasien schöpfen die Sahne ab und die Oberschulen können sehen, wie sie klarkommen. In der Folge fehlen den Oberschulen die leistungsstarken Schülerinnen und Schüler. Letzten Endes decken die Oberschulen daher meistens – von einzelnen besonders begabten Kindern abgesehen – das Spektrum von der Sonderschule bis zum Realschulniveau ab. Das ist besonders kritisch, weil auch die Oberschulen im Prinzip zum Abitur führen können, sie brauchen lediglich ein Jahr länger. Aber es hat noch einen weiteren Nachteil, der das Bremer Inklusionsmodell quasi ad absurdum führt: Die FörderschülerInnen konzentrieren sich an den Oberschulen. Es entsteht eine »Elite«, die einen der begehrten Gymnasiumsplätze erhält. An den Gymnasien aber ist Inklusion bisher eher eine theoretische Angelegenheit. Das ist selbstverständlich systemimmanent.

Aufgrund der reinen Struktur eines Gymnasiums und den damit verbundenen Vorgaben und zu erreichenden Zielen ist es für diese Schulform eine extreme Herausforderung, nun auch noch Kinder mit den unterschiedlichsten Einschränkungen einzubinden. Es erscheint z.B. durchaus machbar, ein Kind mit Verhaltensauffälligkeiten bei normaler kognitiver Begabung zu inkludieren, aber ein Kind mit einer Lernschwäche? Ein Kind, das kognitiv gar nicht in der Lage ist, dem Unterricht eines Gymnasiums zu folgen? Ein Kind, das in einer Art oder einem Ausmaß körperlich und/oder geistig behindert ist, dass eine Störung des gymnasialen Tagesablaufs unvermeidlich ist – und damit einhergehend die übrigen Schülerinnen und Schüler im Erreichen ihrer Ziele einschränkt? Es gibt gute Gründe, dass sich die Gymnasien und auch die Eltern dagegen wehren.

Ein Beispiel ist das bereits erwähnte Gymnasium Horn, dessen Schulleitung gerade die Bildungsbehörde verklagt, weil diese darauf beharrt, dass in der Schule eine Klasse für Kinder mit Wahrnehmungs- und Entwicklungsstörungen eingerichtet wird, die gemeinsam mit den Regelschülern unterrichtet werden soll. Die Schulleiterin argumentiert, die Kinder seien absolut nicht imstande, einem gymnasialen Curriculum zu folgen – was kaum zu bestreiten ist. Ein geistig behindertes Kind wird in der Regel keine zweite Fremdsprache, keine Algebra und keine Dramenanalyse bewältigen können, von besonderen Situation wie einem Asperger-Autismus, der keine kognitive Einschränkung mit sich bringt, einmal abgesehen. Die Eltern stimmen dem Vorhaben auf der anderen Seite im Prinzip zu, aber sie fordern, dass zunächst einmal das richtige Personal eingestellt und die erforderlichen baulichen Maßnahmen eingeleitet werden, um den Kindern auch gerecht werden zu können (*Weser-Kurier*, 14.4.2018)

Jetzt wurde die Klage der Schulleiterin vor Gericht verhandelt. Ergebnis: »Über Inklusion kann bildungspolitisch gestritten werden, aber nicht juristisch.« (Theiner in *WK* vom 28.06.2018, S.1).

Im *Weser-Kurier* vom 10. Juli 2018 hat nun das Verwaltungsgericht die Klage der Schulleiterin zurückgewiesen, weil die Klägerin nicht berechtigt sei, eine solche Klage zu erheben. Sie sei als Beamtin »durch innerdienstliche Weisungen regelmäßig nicht in eigenen Rechten betroffen« und könne daher lediglich verwaltungsintern Bedenken äußern. Es wird also zu Beginn des neuen Schuljahres am Gymnasium Horn eine Inklusionsklasse im fünften Jahrgang starten. Letztlich billigte das

Gericht der Klägerin, also der Schulleiterin, keinen Ermessens-
spielraum darüber zu, ob sie die Weisungen der Behörde in
Sachen Inklusion umsetzt oder nicht, und verwies ausdrücklich
auf eine Schulrechtsnovelle der Bürgerschaft vom Jahr 2009, in
dem Inklusion ausdrücklich befürwortet wurde. Noch während
der Verhandlung kündigte ein Sprecher der Bildungsbehörde
an, das Gymnasium Horn werde für die nunmehr einzurichten-
de Inklusionsklasse »neben einer Sonderpädagogin auch eine
Reha-Fachkraft und eine Klassenassistenz erhalten« (*WK* s.o.).
Es wäre schön, wenn wenigstens das überall der Standard wäre!

»Eines hat die Klage der Horner Schulleiterin bereits bewirkt:
Sie hat die Debatte über den Sinn und mögliche Grenzen der
Inklusion deutschlandweit neu befeuert«. (Theiner in *WK* vom
27.08.18, S. 10)

Einschränkend möchte ich dazu bemerken, dass die Einrichtung einer Inklusions*klasse* meiner Vorstellung von Inklusion
widerspricht, erst recht, wenn man berücksichtigt, dass die Eltern von regelgerecht das Gymnasium besuchenden Kindern
im Vorfeld gefragt werden, ob sie mit der Beschulung ihres Kindes in einer Inklusionsklasse einverstanden sind oder nicht. Im
Grunde wird damit doch suggeriert, dass der Unterricht dort
schon ein wenig anders verlaufen könnte. Ist das nun Inklusion?
Die räumliche Umsetzung eines »Anspruchs«? Oder ist es letztendlich das Eingeständnis der Verantwortlichen, dass mit den
vorhandenen Ressourcen eben doch nicht alles so verlaufen
könnte, wie es gewünscht ist?

Es gibt allerdings auch andere Beispiele. Das Gymnasium
Vegesack zum Beispiel ist stolz darauf, seit vielen Jahren in jedem Jahrgang eine oder zwei Klassen zu haben, die kleiner sind
als üblich, dafür aber eine Kooperation mit einer zugeordneten
Klasse des nahe gelegenen Förderzentrums für wahrnehmungs-
und entwicklungsverzögerte Kinder haben. Der Homepage der

Schule ist zu entnehmen, dass die Kooperation »punktuell und phasenweise (ca. 5–7 Stunden pro Woche) in einigen Fächern gemeinsame Unterrichtsprojekte« umfasst. Ist das nun Inklusion? Stippvisiten, die in der Summe gerade einmal einen Schulvormittag umfassen? Echte Teilhabe sieht anders aus.

Das ist auch die Kritik, die den Gymnasien von der Lehrergewerkschaft GEW entgegenschlägt: »Dass ausgerechnet ein Gymnasium den Klageweg beschreitet, um Inklusion gänzlich zu verhindern, sei Ausdruck eines längst überwunden geglaubten Standesdünkels«, wird der Vorsitzende der GEW von Radio Bremen zitiert.

Nehmen wir einmal an, die Einrichtung dieser Klasse wird gegen den Willen der Schulleitung durchgesetzt. Was haben diese Kinder dann zu erwarten? Eine Schule, die sie nicht haben will. Eine Lehrerschaft, die der Bildung ihrer »normalen« Schülerschaft mehr Bedeutung beimisst als der von entwicklungsverzögerten Kindern. Welche Lernfortschritte können diese Kinder unter solchen Umständen machen?

Die Gymnasien haben eine starke Lobby in Bremen. Viele Eltern ziehen sogar vor Gericht, wenn sie den gewünschten Gymnasiumsplatz für ihren Spross nicht bekommen. Inzwischen gibt es sogar eine Elterninitiative (http://faireschulwahl. de/), die sich damit befasst, dass eine dreistellige Zahl von Kindern regelmäßig nicht an der Wunschschule untergebracht werden kann und für eine Änderung der Kapazitäten eintritt. Interessant wird es im offenen Brief an die senatorische Behörde (http://faireschulwahl.de/data/documents/Brief-an-Bildungs-senatorin-Bogedan-Maerz-2018.pdf), in dem man mit spürbarer Empörung konstatiert, statt des gewünschten Gymnasiumsplatzes habe man manchen Familien einen *Oberschulplatz* angeboten. Es wird gefordert, umgehend mehr Gymnasialplätze einzurichten, als sei dies das Allheilmittel und der Besuch

einer Oberschule das schlimmste Schicksal, das einem Heranwachsenden in Bremen drohen kann: »Sollen [leistungsstarke
Kinder] **gezwungen** werden, auf eine Oberschule zu gehen?«
Fairerweise muss man zwar auch feststellen, dass die Elterninitiative ebenfalls beklagt, dass manche Kinder nicht an einer
Oberschule ihrer Wahl aufgenommen werden konnten – den
allergrößten Raum der Klage nimmt aber deutlich die Schlacht
um die Gymnasialplätze ein. Es entsteht fast ein bisschen der
Eindruck, alles könnte so einfach sein, wenn man an jede Schule in Bremen »Gymnasium« dranschriebe.

Doch nicht nur unter den Eltern, sondern auch und vor allem unter dem Lehrpersonal der Gymnasien habe ich immer
wieder eine extreme Antipathie gegen Inklusion festgestellt. Ein
Kollege sagte mir kürzlich durchaus aufgebracht, er sei ja genau
deswegen Studienrat mit zwei Fremdsprachen geworden, weil
er sich mit der Bildungselite und nicht mit den Sonderschülern
befassen wolle. Solche Aussagen kann man nicht ignorieren.

Eine Kollegin eines anderen Gymnasiums, die ich aus der
Ausbildung kenne, pochte darauf, dass ihr Kerngeschäft der
Unterricht der Fächer Deutsch und Biologie sei – die diversen
privaten Angelegenheiten ihrer Schülerinnen und Schüler seien
dafür weder interessant noch bedeutsam. Ein Kind sei eben für
das Gymnasium geeignet oder eben nicht.

Der letztere Gedanke ist im Übrigen derjenige, der dafür
sorgt, dass ich dem Gymnasium sehr kritisch gegenüber-
stehe: die ständige Selektion, der permanente Leistungsdruck.
Das Gymnasium ist die Antithese der Oberschule. Wo in der
Oberschule alle Kinder mitgenommen werden müssen – und
zwar per definitionem! –, ganz egal, welche Einschränkungen
sie mitbringen, ist das Gymnasium auf Leistung ausgelegt.
Was macht es mit einem Kind, wenn ihm sein Klassenlehrer
schon in der 6. Klasse sagt, es tauge halt nichts und sei falsch

am Gymnasium? Was lernen unsere Kinder daraus, wenn der Fokus ständig auf ihren Defiziten liegt?

Natürlich muss auch die Oberschule eine gewisse Leistung einfordern. Aber es gibt einen zentralen Unterschied darin, wie die Ziele der Kinder definiert werden. Am Gymnasium gibt es ein verbindliches Ziel für alle, einen zu erreichenden Leistungsstandard. An der Oberschule kann das flexibler gehandhabt werden. Man kann vom einzelnen Kind ausgehen und die Ziele auf Basis des Kindes festlegen. Ein Junge, der auch in Klasse 6 noch nicht richtig lesen kann, kann daher völlig anders beschult und beurteilt werden als ein Junge, der bereits mit sieben Jahren ganze Romane verschlungen hat. Am Gymnasium liegt die Latte für beide Jungen gleich hoch.

Nun ist es aber so, dass Bremen sich entscheiden muss. Wollen wir Inklusion? Dann wäre es eine folgerichtige Entscheidung, die Gymnasien abzuschaffen und **tatsächlich** Inklusion an *allen* Schulen durchzusetzen. Oder legen wir derart viel Wert auf die traditionellen Gymnasien, dass wir sie um jeden Preis am Leben erhalten wollen? Dann ist die logische Konsequenz, das Schulsystem wieder komplett durchzugliedern, wie es vor 30 Jahren war. Das ist dann vielleicht nicht zeitgemäß und widerspricht der Behindertenrechtskonvention, aber immerhin würde der Komfort der Gymnasien gewahrt.

Im vergangenen Abschnitt habe ich über meine Erfahrungen mit Lehrkräften berichtet. Nun sind aber Lehrkräfte ja lediglich das ausführende Organ des Bildungssystems – sie müssen umsetzen, was die Politik vorsieht. Diese institutionellen Rahmenbedingungen sind es auch, die zu Reibungspunkten führen.

In *Zeit Online* (1.10.2016) berichtet Ludger Wößmann, dass fast zwei Drittel der LehrerInnen es ablehnen, Schüler mit Lernschwäche gemeinsam mit anderen Kindern zu unterrichten. Als einen möglichen Grund dafür nennt er: »Wir sehen hier ein klassisches Muster von Bildungsreform: Die Inklusion wurde par ordre du mufti deklariert, ohne die Lehrer mitzunehmen.«

Ein klassisches Muster? Aber ja, damit trifft er m.E. den Nagel auf den Kopf. Lehrer und Lehrerinnen haben in den vergangenen Jahren eine Menge an Neuerungen über sich ergehen lassen müssen, ohne groß Einfluss darauf ausüben zu können. Die Orientierungsstufe für die Klassen 5 und 6 kam und wurde wieder abgeschafft. Das dreigliedrige Schulsystem wurde zumindest in Bremen mit Erfolg zerschlagen, und das gegen den erklärten Willen vieler LehrerInnen und Eltern, allerdings wurde es ersetzt durch ein 2-Säulen-Modell, das nicht ohne Grund von bösen Zungen als »Gymnasium und Restschule« bezeichnet wird. Ob es nun eine enorme Verbesserung darstellt, nur noch zwischen »gut genug« und »nicht gut genug« für das Gymnasium zu unterscheiden, sei dahingestellt. Jedenfalls konterkariert der exklusive Ansatz des Gymnasiums sehr deutlich – wie in der bereits erwähnten Klage des Gymnasiums Horn in Bremen manifestiert – alle Bemühungen um eine inklusive Schule.

Nicht nur die weiterführenden Schulen haben den Bremer Reformwahn über sich ergehen lassen müssen. Nach dem PISA-Schock im Jahr 2000 brach eine geradezu manische Reformwut aus, bei der nicht abgewartet wurde, ob Reformen überhaupt irgendwelche Erfolge zeitigten (in der recht kurzen Legislaturperiode von nur vier Jahren ist das zugegebenermaßen auch schwierig), sondern es entstand zunehmend der Eindruck, jeder Neuzugang im SenatorInnenamt müsse zunächst einmal der Schullandschaft die eigene Handschrift verpassen, wenigstens für vier Jahre. Aus der normalen Grundschule wurde die Volle Halbtagsschule: Tägliche feste Anfangs- und Endzeiten sollten Routine erzeugen und Planbarkeit bringen. In der gesamten Zeit von 8 bis 13 Uhr wurde Unterricht erteilt, Arbeitsgemeinschaften schlossen sich an. Dies erforderte eine Menge mehr an qualifiziertem Lehrpersonal, da teilweise auch in Halbgruppen oder mit Doppelbesetzungen gearbeitet werden sollte. Bremen stellte schnell fest: Dieses Modell ist teuer und leitete deswegen aus Sparsamkeitsgründen ein Downgrade zur »Verlässlichen Grundschule« ein. Die festen Zeiten blieben erhalten – aber die Betreuung außerhalb wurde durch wesentlich preiswertere »pädagogische MitarbeiterInnen« übernommen. Die Kinder sind noch genauso lange in der Schule wie zu Zeiten der Vollen Halbtagsschule – aber sie haben weniger Unterricht.

Wie weit der Bremer Hang zum Sparen geht, wird am für die dritten Schulklassen obligatorischen Schwimmunterricht deutlich: Früher war es so, dass die Sportlehrer mit den Schwimmklassen ins Hallenbad fuhren, den Schwimmunterricht durchführten und gemeinsam mit den Kindern wieder zurückkehrten. Zu teuer, befand die Behörde, diese Lehrerstunden könnten anderweitig genutzt werden. Es wäre doch wesentlich kostengünstiger, wenn die Kinder durch unausgebildete Personen, häufig Hausfrauen mit Nebenjob, begleitet würden. Und den Schwimmunterricht könnte ja ebenso gut der in den Bädern angestellte Bademeister durchführen. Dass die Ergebnisse des Schwimmunterrichts dann bei den Schulen, die noch Noten erteilen, nicht berücksichtigt werden konnten, nun ja, man kann eben nicht alles haben. Aber: Es gibt Kinder, die in Regelsportarten eher durchschnittliche Leistungen zeigen, im Schwimmen jedoch ganz hervorragend sind. Deren Leistungen werden nicht angemessen berücksichtigt.

Hinzu kommt, dass unausgebildete Kräfte während der Busfahrten mit den Kindern immer wieder auf pädagogische Probleme der besonderen Art stoßen, denn verhaltensauffällige Kinder werden häufig in Situationen, die nicht täglich auftreten, noch ein bisschen auffälliger. Diesen Begleitern fehlt aber das

Handwerkszeug, um angemessen damit umzugehen. Das gilt auch für die Leute, die das Umziehen begleiten, denn das sind wieder andere Hilfskräfte. Ich finde es wichtig, dass alle Kinder schwimmen lernen, aber die Bremer Bedingungen empfinde ich als grenzwertig.

Der letzte Schrei ist in Bremen jetzt die Ganztagsschule – ein Modell, das die Kinder bis in den Nachmittag hinein in der Schule belässt. Das mag sicherlich in manchen Stadtteilen sinnvoll sein, in denen die Kinder mehr oder weniger sich selbst überlassen sind und dementsprechend häufig vor Fernseher und Computer »abhängen«. Es gibt aber auch Eltern, die sich gerne um ihre Kinder kümmern wollen und das auch können, und Kinder, die sich am Nachmittag verabreden oder ihren Hobbys nachgehen wollen. Kinder, die aus dem Ganztag heimkommen, sind häufig zu erschöpft, um noch etwas Sinnvolles zu unternehmen. Mir ist schon bewusst, dass ich damit letztlich eine Spaltung der Schülerschaft anspreche, aber ist diese nicht längst vorhanden? Es gibt nun mal Unterschiede, und man kann sie nicht wegdiskutieren, gleichgültig wie sehr man dies versucht. Mittlerweile kenne ich viele Schulen, die anfangs voller Euphorie in den Ganztag gestartet sind und ihn nun ablehnen und am liebsten wieder eine Halbtagsschule möchten.

Das hat einfache Gründe: Die Schulen sind mehrheitlich nicht für den Ganztagsbetrieb ausgestattet. Es wäre z.B. an jeder Schule eine Mensa erforderlich, die es nicht gibt. Es wäre erheblich mehr Personal für die zusätzlichen Betreuungszeiten erforderlich, das es auch nicht gibt.

Man hat den Eindruck, die Politiker machen, was ihnen gerade einfällt, reagieren zwanghaft auf jede negative Studie mit einem blinden Aktionismus und vermeiden es tunlichst, auf mahnende Stimmen von Fachleuten aus der Praxis zu hören. Dies manifestiert sich halbjährlich auf den Personalversammlungen der bremischen Lehrkräfte, die seit Jahren zunehmend lauter und dramatischer darauf hinweisen, dass die institutionellen Rahmenbedingungen nicht einmal ausreichen, das bloße Minimum des Geforderten zu erfüllen. Leider führt dies bisher nicht dazu, dass uns zugehört würde.

Stattdessen erlässt die Behörde in unregelmäßigen Abständen neue Vorschriften. Eine, die unter Lehrkräften erheblichen Unmut wegen der lawinenartigen Mehrarbeit erzeugt, ist die Anweisung der genauen Dokumentation. Alles muss dokumentiert werden: der individuelle Lernfortschritt jedes Kindes in umfassender und detaillierter Form, das Arbeitsverhalten, das Sozialverhalten usw. In Bremen gibt es seit 2014 KOMPOLEI (Kompetenzorientierte Leistungsrückmeldung). Diese Entwicklungsübersichten liegen in Rasterform aktuell für die Fächer Deutsch und Mathematik vor; andere Fächer befinden sich noch in Arbeit. Ziel soll sein, den Leistungsstand eines Kindes für Eltern und LehrerInnen transparenter zu machen. Die jeweiligen Themen sind in Heften aufbereitet, die das Kind durch seine Grundschulzeit begleiten. Es würde an dieser Stelle zu weit führen, den gesamten Komplex detailliert zu beleuchten, aber wenn man weiß, dass jedes Heft im Durchschnitt 16 Seiten enthält, auf denen sämtliche zu erlernenden Kompetenzen aufgeführt sind und die also auch von der Lehrkraft periodisch überprüft und angekreuzt werden müssen, dann ist vielleicht verständlich, warum über zu viel Bürokratismus geklagt wird. Die anzukreuzenden Fertigkeiten sollen dabei über das Jahr hinweg dokumentiert werden, aber es ist beinahe unmöglich, nach jeder Stunde festzustellen, welcher Schüler nun gerade wo steht. Also gehen viele Lehrkräfte dazu über, alles am Schuljahresende als Gesamtleistung zu überprüfen. Ich denke, auch ein Laie kann sich vorstellen, wie »Lehrer« sich fühlt, wenn er für rund 25 Kinder zwischen 60 und 160 Kreuzchen gemalt hat.

Dieses System wirkt noch absurder, wenn man berücksichtigt, dass viele Eltern weder mit den neuen, dazu passenden Zeugnissen zurechtkommen noch mit diesen »Kompetenzorientierten Leistungsrückmeldungen«, die in der Regel Grundlage für Elterngespräche darstellen. Und wen wundert das? Die Feststellung »Stella kann den Kontext zur Korrektur nutzen (lexikalische Strategie)« ist für einen Deutschlehrer sicherlich eine wertvolle Information – für Stellas Vater, der eventuell gelernter Tischler ist und nach der Realschule von der Schule abging, sagt dieser Satz wenig bis gar nichts aus. Ob diese Feststellung Stella irgendetwas sagt, möchte ich bezweifeln. Es ist m.E. auf ganzer Linie misslungen, den Eltern und Kindern diese Form der Leistungsbeurteilung nahezubringen; sie empfinden sie als übergestülpt und haben häufig und nicht zu Unrecht das Gefühl, man wolle etwas schönreden. Das ist ja im Grunde auch so; auch bei frei gewählten Formulierungen muss positiv bewertet werden. Ich darf nicht schreiben: »XY kann noch nicht lesen«, sondern ich muss schreiben: »Er erkennt schon drei Buchstaben.« In meinen Augen ist das weder den Kindern noch deren Eltern gegenüber fair.

Darüber hinaus kann man festhalten, dass die Rückmeldungen für lernschwache FörderschülerInnen vollkommen nichtssagend sind. In dem Reader *Bremer Bündnis für schulische Inklusion* steht zwar zu lesen: »Rückmeldungen zu den Leistungen und Lernfortschritten beziehen sich auf die individuellen Möglichkeiten und Entwicklungen der einzelnen Schülerin und nicht nur auf die Bildungspläne. Die intensive Zusammenarbeit der PädagogInnen in multiprofessionellen Teams sowie eine entfaltete Partizipation von SchülerInnen, Eltern und schulischen Mitarbeiterinnen ermöglichen es, gemeinsam eine inklusive Schul- und Lernkultur zu entwickeln.« Ein frommer Wunsch, aber nicht realisiert. Man kann an Kompetenzformulierungen, die auf der Basis des Regelschulkindes erstellt wurden, nicht adäquat den Lernfortschritt von Förderkindern darstellen. Das bedeutet zwangsläufig, dass die Förderkinder irreführende und missverständliche Rückmeldungen erhalten. Die GEW geht sogar noch weiter: Ihr zufolge widerspricht diese Form der Leistungsrückmeldung der Inklusion insgesamt. Auch die Rasterzeugnisse gehen am Inklusionsgedanken glatt vorbei. Wenn es das Ziel ist, eine Inklusion zu betreiben und eine Stigmatisierung zu vermeiden, dann läuft diese Form dem Gedanken diametral entgegen. (vgl. auch GEW-Bericht vom 26.02.2017)

Die KOMPOLEI-Hefte sind natürlich nur das Ergebnis der täglichen und wöchentlichen Dokumentation, der Notizen über Diktate, Kurztests und Klassenarbeiten sowie der Verschriftlichung von diagnostizierter Ausgangslage und festgestellter Verbesserung, will sagen, individueller Lernzuwachs. Pro Klasse kommen da im Verlaufe eines Schuljahres mühelos mehrere Aktenordner an Dokumentation zusammen, denn: Über die Leistungsberichte hinaus werden Elterngespräche protokolliert, Förderpläne, Besuche bei psychologischen Fachkräften etc. Unterricht an sich nimmt mitunter deutlich weniger Zeit ein als der »Rest«. Und selbstverständlich müssen Maßnahmen bei Kindern mit Förderbedarf – den sogenannten Inklusionskindern – besonders festgehalten und dokumentiert werden!

Es erübrigt sich nach den Berichten der letzten Kapitel zu sagen, dass diese Kinder oft sehr viel mehr Bedarf an außerunterrichtlicher »Bearbeitung« haben, als da sind runde Tische im Jugendamt oder mit psychologischen Einrichtungen, Termine mit Familienhelfern, mitunter Hausbesuche etc. Das benötigt Zeit, und davon ist nicht viel vorhanden im allgemeinen Unterrichtsgeschehen. Diese zusätzliche Zeit wird an manchen Schulen für die Klassenlehrkräfte mit einer Ermäßigungsstunde je Woche ausgeglichen, was im Vergleich zur tatsächlich anfallenden Mehrarbeit aber ein Tropfen auf den heißen Stein ist. In der Grundschule, in der ich arbeite, gibt es nicht einmal diesen Ausgleich.

Natürlich kann man jetzt mit Altkanzler Gerhard Schröder argumentieren, die faulen Säcke in der Lehrerschaft möchten es nur möglichst einfach haben und den Kindern eine Note hinschreiben und dann auf den Golfplatz. Ich möchte auch keineswegs meinen Berufsstand als eine Versammlung von Heiligen darstellen – schwarze Schafe gibt es schließlich überall –, aber ich finde die Frage berechtigt, ob der Mehraufwand durch das Ergebnis gerechtfertigt wird. Aus meiner persönlichen Erfahrung kann ich sagen: Nein, auf keinen Fall. Die Eltern wie die Kinder bevorzugen Noten und fordern sie auch ausdrücklich ein, weil ihnen die Kompetenzraster zu schwammig sind. Die häufigste Frage in den Rückmeldungsgesprächen lautet daher: »Ja, und welche Note wäre das jetzt?« In Bremen jedoch gibt es keine Schulnoten bis Klasse 4, häufig auch danach für mehrere Jahre nicht. Und wenn die Kinder dann, nach vielen positiv formulierten Aussagen in den Rasterzeugnissen, die *tatsächlichen* Noten sehen, ist ein Schock bei den meisten praktisch schon vorprogrammiert.

Ich muss allerdings auch darauf hinweisen, dass in bestimmten Situationen Kompetenzraster gut sind – nämlich für Kinder mit massiven Lernbehinderungen. Es gibt die Möglichkeit, diesen Kindern ein eigenes Kompetenzraster auszustellen, in dem eben nicht aufgeführt wird, was sie alles *nicht* können, sondern der Fokus darauf liegt, was sie *können*. Das ist für diese Kinder mitunter ein wunderbares Erlebnis, im Vergleich zu einem traditionellen Zeugnis, auf dem ehrlicherweise nur Fünfer und Sechser stehen dürften.

Abgesehen von den Inhalten hinkt Bremen auch bei der baulichen Vorbereitung der Schulen auf die Inklusion gewaltig hinterher. Um inklusiv beschulen zu können, ist in den meisten (Grund-)Schulen der Einbau eines Fahrstuhls unerlässlich. Weiterführende Schulen haben manchmal schon einen, weil sie höher gebaut wurden. Eine Rampe, über die man allenfalls den unteren Teil eines Gebäudes erreichen kann, nützt wenig, wenn Fachräume in oberen Stockwerken unerreichbar bleiben. Ich kann mich gut an ein Kind erinnern, das einen im Rollstuhl sitzenden Vater hatte. Um diesem die Teilnahme an Elternabenden etc. zu ermöglichen, musste das Kind in eine Klasse eingeschult werden, die im Erdgeschoss lag. Das war glücklicherweise möglich, aber es ist eben nicht selbstverständlich, und genau das sollte es sein.

Auch ein Wickelraum für behinderte Kinder muss heute ebenso zum Standard jeder Schule gehören wie Ruheräume, in die Kinder sich zurückziehen können. Um dann aber die vorgeschriebene Aufsicht gewährleisten zu können, müssen auch hier, wenn nicht Lehrkräfte, so doch zumindest ErzieherInnen anwesend sein. Meine absolute Idealvorstellung wären Häuser, in denen jeweils eine Klasse der Jahrgänge 1 bis 4 ihren Klassenraum hat. Dazu kämen zwei Ruheräume, vier Differenzierungsräume und eine Küche sowie ein Raum, der groß genug ist für ein gemeinsames Essen und gemeinsame Veranstaltungen. Jeder Klassenraum sollte die Möglichkeit haben, aus ihrem Raum heraus nach draußen zu gehen. Das würde für eine vierzügige Grundschule natürlich einen Komplex bedeuten, in dem es vier solcher Häuser gäbe sowie einen Trakt mit Verwaltung, Lehrerräumen und Sporthalle. Ich bin der Meinung, dass solche Überlegungen, die auch die Architektur einbeziehen, eine hervorragende Investition in die Zukunft sind. Viel Reizpotenzial aufgrund großer Schüleransammlungen entfiele, und in einem solchen Rahmen würden sich auch die Kinder unterschiedlichen Alters besser kennenlernen und lernen, Rücksicht aufeinander zu nehmen.

Es ist allerdings immer noch ein anderer Rahmen als die von Zeit zu Zeit immer wieder proklamierten jahrgangsübergreifenden Klassenverbände oder Familienklassen. Es gibt sie natürlich auch in Bremen, und wie bei jedem Thema gibt es Lehrkräfte, die das Modell wunderbar finden, und genauso viele, dies es ablehnen. Jahrgangsübergreifende Klassen beinhalten in der Regel Kinder aus den Jahrgängen 1–3 und 4–6, in Ausnahmefällen können sie auch anders zusammengesetzt sein. Das bedeutet, von etwa 20 Kindern einer Klasse kommen gleich viele aus den Jahrgängen 1, 2 und 3 und werden gemeinsam unterrichtet. Die Überlegung dabei ist, dass die Großen den Kleinen ab und zu helfen können und auf diese Weise eigenen Lernstoff wiederholen und die Kleinen jemanden haben, den sie bei Problemen ansprechen können und der eben nicht immer der Lehrer oder die Lehrerin sein muss.

Ich stehe diesem Prinzip ablehnend gegenüber. In einer »normalen« Grundschulklasse befinden sich meistens schon viele Kinder, die biologisch zwei Jahre auseinander sein können. Vom Lernstand her kann das noch viel gravierender sein. Warum sollte ich mir die Arbeit noch mehr erschweren? Denn wenn eins klar ist, dann, dass bei einem solchen Szenario nicht mehr differenziert, sondern nahezu individualisiert gearbeitet werden muss. Darum gefällt mir die Idee mit Häusern, in denen die Klassen 1–4 in jeweils eigenen Klassenräumen unterrichtet werden, deutlich besser.

Dass so etwas nicht umsonst zu haben ist, liegt auf der Hand. Im Gegenteil: An den meisten Schulen müsste zügig sehr viel Geld investiert werden, um die baulichen Gegebenheiten an die Erfordernisse der Inklusion anzupassen. Dass das trotz aller Notwendigkeit nicht passiert, sondern die Schulen einfach mit dem vorhandenen Gebäude zurechtkommen müssen, sagt auch etwas darüber, wie ernst es mit der Inklusion in Bremen wirklich gemeint ist – und wie viel davon auch einfach ein Sparmodell ist. Das zeigt sich auch am Personal.

Über die mangelhafte Personaldecke habe ich bereits häufig gesprochen. Insgesamt gibt es für ein so engagiertes Projekt wie die Inklusion einfach zu wenige Lehrkräfte. Es gibt zu wenig Förderstunden, es gibt zu hohe Hürden für die Einstellung von Assistenzen. Es gibt zu wenig Doppelbesetzungen. Es gibt einfach von allem zu wenig. Es gibt sogar – und das ist ein Skandal – zu wenig Putzkräfte! Immer wieder berichten Eltern davon, dass ihre Kinder in der Schule wenig trinken, um nicht zur Toilette gehen zu müssen, weil sie es dort unsauber und eklig finden. Was muten wir unseren Kindern zu? Gibt es nicht auch eine *Verantwortung*, wenn wir eine Schul*pflicht* haben?


## LEHRERMANGEL


Bremen ist inzwischen dazu übergegangen, StudentInnen als Lehrkräfte einzustellen. Nach einem Bericht des *Weser-Kurier* vom 23.08.2017 unterrichteten zu diesem Zeitpunkt nach Angaben der Bremer Bildungsbehörde 232 StudentInnen, obwohl sie weder ein Referendariat noch einen Master-Abschluss hatten. Hinzu kamen zu diesem Zeitpunkt noch 118 Leute, die über die Stadtteilschule – ein eingetragener Verein, der ursprünglich gedacht war, um kurzzeitige Vertretung zu organisieren – beschäftigt wurden und ebenfalls kein Referendariat hatten. Einige von ihnen haben sogar Klassenleitungen übertragen bekommen. Wir haben also einen beträchtlichen Anteil an nicht fertig ausgebildeten Kräften, die in eigener Verantwortung volle Lehrerstellen ausfüllen – aber, und das ist der Knackpunkt, an dem es für die Behörde interessant wird, für deutlich weniger Geld als fest eingestellte oder gar verbeamtete Lehrer. Ein Schelm, wer Böses dabei denkt.

Der Bremer Philologenverband hält das für unverantwortlich und begründet das damit, dass die Studierenden zwar über eine gewisse Fachkompetenz verfügten, dass ihnen aber das pädagogische Denken und Handeln noch fehle. Der praktische Teil der Ausbildung, das Referendariat, ist noch nicht erfolgt. Diese Unterrichtenden haben keinerlei Erfahrung, sondern lediglich Kenntnisse in den zu unterrichtenden Fächern. Ich sehe es so, dass dabei beide Seiten verlieren: Die durchaus engagierten Studenten und Studentinnen, weil sie sich mit einem Beruf überfordern, für den sie ungenügend vorbereitet und in dem sie auf sich allein gestellt sind – denn natürlich ist es, anders als im Referendariat, nicht so, dass die Studierenden betreut und begleitet werden. Das können sie auch nicht, weil es dafür gar nicht genug Personal gibt – deswegen werden sie ja überhaupt erst eingestellt. Die jungen Leute springen also »ins kalte Wasser«. Die Kinder verlieren ebenfalls, weil sie nicht die Unterstützung bekommen, die sie benötigen, auch wenn ich überzeugt davon bin, dass die Studierenden alles in ihren Kräften Stehende tun, um den Kindern gerecht zu werden. Und – die »Zahlen« stimmen immer noch nicht. Es fehlen immer noch LehrerInnen an allen Ecken und Enden. Eventuell fehlen am Ende sogar mehr als gedacht, weil nämlich manche der Studierenden, die jetzt als Lehrkräfte arbeiten, diesen Berufswunsch schnell und gründlich aufgeben, weil sie vollkommen unvorbereitet in einen extrem aufreibenden und stressigen Beruf geworfen werden.

Um dem krassen Lehrermangel abzuhelfen, kamen Politiker auf die grandiose Idee, dass ja eigentlicher jeder den »Kleinen« (sprich: Grundschülern und -schülerinnen) Lesen und Schreiben beibringen könne. Man plant, Seiteneinsteiger ohne jeglichen pädagogischen Abschluss einzustellen. Wenn ich so etwas höre oder lese, komme ich aus dem Kopfschütteln gar nicht mehr heraus. Wie wäre es denn, wenn, sagen wir einmal ein Chirurg durch einen Schneidermeister ersetzt werden sollte? Ein Aufschrei der Empörung würde durch das Land gehen. Dass dies bei einem Vorschlag wie den mit den Seiteneinsteigern nicht passiert, macht auch deutlich, welchen Stellenwert Bildung vor allem von Grundschülern hierzulande hat. Selbstverständlich *kann* man irgendwelche Menschen vor Klassen stellen. Und dann darf man später feststellen, dass die Leistungen der Kinder sinken, und sich – natürlich – wieder mal wundern. Das bedeutet nicht, dass es nicht auch unter Seiteneinsteigern pädagogische Naturbegabungen gibt. Ich bezweifle nur, dass sie viel häufiger zu finden sind als vierblättrige Kleeblätter.

Ein kleiner Exkurs: Knapp 20 % aller Zehnjährigen in Deutschland können nicht richtig lesen. Das heißt, die Kinder sind zwar in der Lage, Buchstaben zu Wörtern zusammenzuziehen, sie lesen die Wörter, aber sie erkennen keinen Sinn. Sie sind dementsprechend auch nicht in der Lage, Gelesenes in eigenen Worten wiederzugeben. »Wer in der Grundschule nicht richtig lesen lernt, wird das bis zum Schulabschluss kaum nachholen.« (Boie 2018) Diese Tatsache ist ebenso sicher belegt wie die Tatsache, dass, wie so vieles in Deutschland, Lesenlernen stark von der sozialen Herkunft abhängig ist. Ich stelle immer wieder fest, dass Kinder heute viele Wörter und deren Bedeutungen nicht mehr kennen. Und wenn ich das Wort »Morgentau« richtig lese, aber es noch nie in irgendeinem Kontext gehört habe und nicht weiß, was es ist, wird sich mir beim Lesen auch kein Sinn erschließen. Als Konsequenz wäre darum meiner Meinung nach vor allem das Sprechen und der Aufbau eines altersadäquaten Wortschatzes für das sinnentnehmende Lesen sehr wichtig, ob es sich nun um deutsche oder anderssprachige Kinder handelt. Dazu aber braucht es eine profunde Lehrerausbildung, die Seiteneinsteiger nicht haben.

Und die Zahlen sprechen für sich. Laut der *Zeit* vom 30. Mai 2018 sind zum Beispiel in Sachsen 62 % aller Lehrer, die im vergangenen Schuljahr eingestellt wurden, Seiteneinsteiger, an »Berliner Grundschulen haben 55 % der neu eingestellten Lehrer keine ›volle Lehrbefähigung‹« (ebd. S. 61). Die Grundschule ist aber eine Schule, die alle Kinder ohne Ausnahme durchlaufen; die Aufgliederung erfolgt erst später. Und das bedeutet, dass in der Grundschule, an der Basis, auch zuerst Veränderungen der Gesellschaft und der Kinder ankommen und bewältigt werden müssen. Dazu gehört beispielsweise, dass zu den sogenannten »normalen« Kindern Hunderttausende Flüchtlinge kommen,

Um all dem gerecht zu werden, braucht man bestens ausgebildete Lehrkräfte und keine Hilfslehrer. Viele Aufgaben, die von den Elternhäusern heute nicht mehr übernommen werden, übernehmen die Grundschullehrer und -lehrerinnen. Hinzu kommt eine fast vollständig veränderte Unterrichtsstruktur. Ich kenne viele Eltern, die nach Hospitationen sagten, das sei ja ganz anders als bei ihnen, und sie haben recht. Herrschte früher noch oft ein reiner Frontalunterricht, so ist heute eine Öffnung des Unterrichts Folge und Voraussetzung der Inklusion. In verschiedenen Gruppierungen werden individuelle Wochenpläne bearbeitet, gespielt, diskutiert, Mathekonferenzen gehalten usw. – die methodische Vielfalt ist nirgendwo so groß wie in der Grundschule. In den weiterführenden Schulen, vor allem an den Gymnasien, fühlen sich Eltern dagegen noch recht häufig an ihre eigene Schulzeit erinnert. Und all dies soll jetzt von Seiteneinsteigern geleistet werden?

Dazu kommt, dass es zunehmend mehr Klagen über Disziplinlosigkeit und Störverhalten aus den Grundschulen gibt, häufig aus Berlin, aber auch aus fast allen anderen Bundesländern. Das geht mit einem Absinken der Leistungen einher. So berichtet die *Zeit* vom 30. Mai 2018 (S. 61), dass »In Bremen … 35 % der Schüler die Mindestanforderungen in Mathematik (verfehlen), 25 % in Deutsch. Am Ende der vierten Klasse lesen und rechnen diese Kinder auf dem Niveau von Erst- und Zweitklässlern. Nirgendwo sind Schülerleistungen so miserabel, nirgendwo ist die Schülerschaft so bunt. Die Migrationsquote in Bremen liegt inzwischen bei 52,5 %, die Inklusionsquote bei 90 %.«

Statt nun aber aus solchen Zahlen die Erkenntnis zu ziehen, dass hier die Besten der Besten diese Kinder unterrichten sollten, hält sich hartnäckig die Meinung, dass das »jeder« kann. Dabei kann man mit ein bisschen Einblick in die Praxis verschiedener Schulen durchaus erstaunliche Einblicke bekommen: Lesemütter, die »mal eben« einen Vormittag vertreten (und dann natürlich alle Fächer »unterrichten«, aber das spielt eigentlich auch keine Rolle mehr), Hausmeister, die ein Fach übernehmen, weil der entsprechende Kollege langzeiterkrankt ist – und die Behörde keine Vertretung stellt … Überhaupt sparen Behörden, wo immer sie können. Auch Vollzeitkräfte werden in der Regel nur mit 20 Wochenstunden ersetzt, nicht mit 28. Woher der Rest kommen soll, bleibt dem Erfindungsgeist der Schulleitungen überlassen. Habe ich schon erwähnt, dass es – zumindest in Bremen – nicht so einfach ist, vakante Schulleiterposten zu besetzen?

Ganz abgesehen von allem anderen empfinde ich die Einstellung von Seiteneinsteigern auch als ungerecht. Wie kann man erklären, dass sich zum einen Referendare unglaublich anstrengen und Prüfungen ablegen müssen, während an der gleichen Schule eine Seiteneinsteigerin ohne Prüfung unterrichten darf? Und während Referendare und Referendarinnen eine vernünftige Ausbildung mit ausreichenden methodischen Anteilen erhalten, müssen Seiteneinsteiger irgendwie ihren eigenen Weg finden. Dass es dabei zu Problemen kommen kann, vor allem im pädagogischen Bereich, erscheint mir vorprogrammiert. Dann gibt es schreiende »Lehrkräfte«, bestürzte/verwirrte/amüsierte ... Kinder und verärgerte Eltern. Geholfen ist damit niemandem.

Wir stellen also fest: Es fehlt Personal. Es fehlt an adäquat ausgestatteten Gebäuden. Und es fehlt an einer Behörde, die diesen Problemen genügend Zeit und Raum zugesteht, bevor sie zwangsweise überstürzte Neuerungen einführt. Es entsteht der Eindruck: Die da oben, wir da unten. Dass so etwas nicht gut funktionieren kann, ist eine Binsenweisheit. Wichtig wäre es meiner Ansicht nach, dass es ein »Wir« gibt, das gemeinsame Ziele und deren Erreichbarkeit definiert und sich gemeinsam um die dafür erforderlichen Ressourcen kümmert. Es ist nicht zielführend, wenn, wie bereits erwähnt, eine Bitte um Assistenz mit dem Hinweis auf die »persönliche Bequemlichkeit« der Lehrkraft abgeschmettert wird.

Ein Erfahrungsbericht gibt mir dabei sehr zu denken. Darin berichtete eine Kollegin von ihrer Arbeit in einer Bremer Grundschule in einem »Stadtteil mit besonderen Anforderungen«. Sie beschreibt, wie Erzieherinnen als Vertretung für Fachlehrer abgeordnet werden, allgemeine Strukturlosigkeit und einen hohen Krankenstand aufgrund des Stresses. Dazu kommt eine Klientel, die immer weniger Fertigkeiten oder soziale Fähigkeiten mitbringt. Sie arbeitet mit Kindern, die häufig noch nicht einmal einen Stift richtig halten könnten, die nicht ansatzweise deutsch sprechen oder ein für den Schulbesuch adäquates Sozialverhalten erlernt haben. Die Kollegin berichtet von Eltern, die ihre Kinder ohne Frühstück und in nicht zweckmäßiger Kleidung in die Schule schicken. Hinzu kommt aufseiten der Eltern eine enorme Anspruchshaltung gegenüber der Schule. Sie beschreibt etliche Eltern als Analphabeten und aggressiv. Und sie sagt, und darin stimme ich ihr zu, dass es in diesem Chaos weder angenehm noch ein Vorteil für Rollstuhlfahrer, Autisten oder anderweitig eingeschränkte Kinder ist, eine Regelschule zu besuchen, von irgendwelchen Lernerfolgen ganz zu schweigen. (vgl. *Weser-Kurier online* vom 22.08.2017)

Dennoch will man sowohl die Inklusion als auch die Ganztagsschule möglichst zu 100 % umsetzen, und das am liebsten bis gestern. Es stellt sich von daher die Frage, warum an diesem Projekt festgehalten wird.

Für mich gibt es da eigentlich nur eine Antwort: Inklusion wird (auch) als Sparmaßnahme gesehen. Zumindest in Bremen wurden Gebäude, in denen sich Förderschulen befunden haben, verkauft, sodass Geld ins Staatssäckel floss. Die dort arbeitenden Lehrkräfte wurden verschiedenen Grundschulen zugeordnet – eigentlich. Der Praktiker fragt sich trotzdem, wo sie geblieben sind; in unserer Schule ist zumindest nie einer angekommen.

Dazu kommt in hohem Maße ein blinder Aktionismus: Mit der Schulreform im Jahr 2009 hat Bremen als erstes Bundesland den Anspruch auf Inklusion in sein Schulgesetz aufgenommen. Zur gleichen Zeit wurde der Studiengang »Behindertenpädagogik« an der Universität Bremen abgebaut! Zwar wurde dann ab dem Wintersemester 2013/14 ein Weiterbildungsstudiengang »Master Inklusive Pädagogik« angeboten; letztlich war dies jedoch nur eine Reaktion auf die Klagen aus der Praxis, in der plötzlich speziell ausgebildete Förderlehrkräfte fehlten.

Darüber hinaus stellt sich für mich sehr die Frage, ob ein Lehrer für Inklusive Pädagogik, der lediglich ein Aufbaustudium absolviert hat, die gleichen Problemfelder abdecken kann wie ein Lehrer, der in einem zehn oder zwölf Semester dauernden Studium plus Referendariat für spezielle Probleme ausgebildet worden ist. Noch gibt es vollakademisch ausgebildete FörderlehrerInnen, aber irgendwann nicht mehr. Und was dann?

Auch Schulassistenzen werden in hohem Maße benötigt, sei es für stark eingeschränkte Kinder oder auch für Kinder mit massiven Verhaltensstörungen. Sie können dazu beitragen, dass allen Kindern geholfen wird, aber auch dazu, dass das Unruhepotenzial für die übrige Klasse in einem erträglichen Rahmen bleibt. Fakt ist aber, dass in Bremen Schulassistenzen nach meinen Erfahrungen nur sehr selten genehmigt (= bezahlt) werden. Ohne diese sind manche Kinder aber so allein gelassen, dass sie zum Scheitern verurteilt sind, denn eine Lehrkraft allein kann nicht jedem Kind mit seinen speziellen Schwierigkeiten gerecht werden, so gern sie das auch möchte. Ich erinnere mich an Jason. Jason ist auf einem Auge vollständig blind, auf dem anderen stark kurzsichtig. Darüber hinaus leidet er unter einer extremen Lernschwäche und einer ausgeprägten LRS. Alleine arbeiten kann Jason gar nicht. Als Lehrkraft ist es problemlos möglich, 100 % der Zeit neben ihm zu sitzen und die ganze Zeit voll beschäftigt zu sein – aber die anderen 20 Kinder der Klasse werden dann halt nicht beschult, weil es kein Personal dafür gibt.

In den weiterführenden Schulen gibt es Möglichkeiten, besonders »arbeitsintensive« Kinder anders zu beschulen (wobei sich die Frage aufdrängt, wie inklusiv das ist), aber die Verlässliche Grundschule hat diese Option nicht. So können weiterführende Schulen ein Kind auch verkürzt beschulen, wenn es beispielsweise so stark stört, dass die anderen Kinder einer Klasse massiv am Lernen gehindert oder durch seine Anwesenheit, z.B. bei unkontrollierbaren Wutausbrüchen, in Gefahr gebracht werden. Eine Schule bot den Eltern eines solchen Kindes an, sich den gesamten Schultag mit in den Unterricht zu setzen, andernfalls müsste das Kind vorläufig zu Hause beschult werden, bis erfolgreich eine Assistenz oder eine Unterbringung in einer Heimschule organisiert worden seien. Das würde bedeuten, dieses Kind käme jeden Morgen in die Schule, um sich seine Aufgaben für den Tag abzuholen, und ginge dann wieder nach Hause. Eine solche Maßnahme ist eben nur bei älteren Kindern möglich, und schön ist sie nicht – und schon gar nicht inklusiv. Sie wäre aber auch bei einem gewissen Pool an zuverlässig in der Schule anwesenden Personen nicht erforderlich.

Institutionell ist auch vorgesehen, dass Inklusionsklassen an den Oberschulen kleiner sind als Regelklassen; das ist aber meistens nicht so. So gaben bei einer Forsa-Umfrage von 2016 48 % der befragten Lehrkräfte an, dass die Klassengröße nicht reduziert worden sei. (Schöneberg, D. 2018) Damit werden auch Inklusionsklassen im Fall der Fälle mit weiteren Kindern aufgefüllt, denn da wir eine Schulpflicht haben, können die Schulen die Aufnahme der Kinder nicht ablehnen. In einer Schule, die ich kenne, treibt das mitunter seltsame Blüten. Eine neue Einschulung, ein Mädchen, gehört vom Alter und vom Leistungsstand in den 8. Jahrgang. Da der Jahrgang aber rettungslos überfüllt war, wurde das Mädchen in den 7. Jahrgang gesteckt. Dort langweilt sie sich jetzt zwar, aber zumindest hat sie einen Schulplatz.

Obwohl viele Experten schon seit Längerem kleinere Klassenfrequenzen für Inklusionsklassen fordern, liegt diese bei den Gymnasien und Gesamtschulen immer noch bei 25 bis 30. Wenn dies während des gesamten Schultages in einem Tandem von zwei Lehrern geschieht, ist es wesentlich einfacher, den unterschiedlichen Ansprüchen der Kinder gerecht zu werden. Aber – und das ist ein sehr großes Aber – diese Doppelbesetzung ist nur in sehr wenigen Fällen vorhanden. Häufig werden auch an den Oberschulen und Gymnasien diese zu Vertretungszwecken eingesetzt. Und selbstverständlich benötigen solche Klassen unbedingt eine ausgebildete sonderpädagogische Fachkraft. Diese oder überhaupt Lehrer zu finden, ist nicht nur in Bremen problematisch. Nach Schöneberg (a.a.o) fehlen in Nordrhein-Westfalen 7000 Lehrkräfte!

Alle in einer Klasse arbeitenden Kollegen und Kolleginnen benötigen aber auf jeden Fall gemeinsame Teamzeiten. Diese sind im normalen Schulalltag so gut wie nie zu organisieren, sodass im Allgemeinen nur ein gemeinsames Treffen außerhalb der Schulzeit möglich ist. Das setzt extrem motivierte Lehrkräfte voraus, denn eigentlich ist der Schultag so anstrengend, dass jeder auch Freizeit zum Erholen braucht.

Im Land Bremen hat wie berichtet jüngst das Gymnasium Horn gegen die Einrichtung einer Inklusionsklasse geklagt und damit bundesweit Aufsehen erregt. Naturgemäß gab es eine Bürgerschaftsdebatte zum Stand der Inklusion in Bremen. Sowohl die CDU als auch die Linken forderten mehr Lehrerstunden und die Ausbildung zusätzlichen Fachpersonals. Die beiden unabhängig voneinander eingereichten Anträge der CDU und der Linken zur Verbesserung der Lage an den Schulen wurden von der rot-grünen Mehrheitsregierung abgelehnt. Es sagt schon einiges aus, wenn die beiden Parteien, die in Bremen im Prinzip an entgegengesetzten Enden der Bürgerschaft sitzen, dasselbe fordern und abgeschmettert werden. Stattdessen bezeichnete ein Grünen-Bildungspolitiker die Inklusion als »Prozess, bei dem wir auf der Suche sind«. (*Weser-Kurier* vom 27.04.2018) Eine SPD-Politikerin sagte, Bremen sei auf dem richtigen Weg, »wenngleich die Ausstattung mit den steigenden Anforderungen nicht Schritt gehalten hat«. (WK 27.4.18) In der Übersetzung heißt das für mich: Na klar klappt nicht alles, aber so weit, dass wir jetzt Vorschläge von der Opposition annehmen, sind wir noch nicht!

Im Grunde stellen beide Politiker der Inklusion in Bremen damit ein vernichtendes Zeugnis aus. In Anbetracht der Tatsache, dass die in die Bildung fließenden Gelder nicht mehr werden, steht zu befürchten, dass sowohl die Kinder mit Förderdarf als auch die Regelschulkinder und die Hochbegabten auf der Strecke bleiben. Statt das aber endlich einmal offen zuzugeben und womöglich sogar einmal Leuten Gehör zu schenken, die jeden Tag in den Schulen die irrsinnigen Vorstellungen der Politik über teure Inklusion zu Discounter-Preisen zu bewältigen haben, tun die Politiker so, als sei eigentlich alles okay und die Forderungen maßlos übertrieben, weil Bremen sich lediglich seit 2009 selbst finden müsse.

Vielleicht liegt in diesem Verleugnungsprozess der Grund, aus dem viele Politiker und Politikerinnen ihre eigenen Kinder auf eine Privatschule schicken. In Bremen war es zum Beispiel der ehemalige Bildungssenator Willi Lemke, der seinen Sohn lieber privat beschult sehen wollte. Der Fall von Mecklenburg-Vorpommerns Ministerpräsidentin Manuela Schwesig ging im vergangenen Jahr durch die Presse. Auch sie möchte ihr Kind lieber auf eine Privatschule schicken und begründet dies mit einem kürzeren Schulweg. Naturgemäß rief dies die Kritik der Links-Opposition im Landtag auf den Plan, die darin die Offenbarung von Mängeln im staatlichen Schulsystem zu sehen glaubte.

Auch Andrea Ypsilanti, SPD-Spitzenkandidation bei der Hessenwahl 2008, hat es vorgezogen, ihr Kind auf eine private Schule zu schicken, und das gegen die erklärten Grundsätze ihrer eigenen Partei. Und so geht es weiter: Katharina Schwabedissen, frühere Vorstandssprecherin der Linken in NRW, hat ihre beiden Söhne auf eine Privatschule geschickt, und auch Andreas Stoch (SPD), der von 2013 bis 2016 in Baden-Württemberg Kultusminister war, schien offenkundig wenig von den Schulen seines Landes zu halten. Jedenfalls gingen seine Kinder auf eine Waldorfschule. Auf eine ebensolche schickte auch die Strauß-Tochter Monika Hohlmeier ihre Kinder – anstatt auf eine Schule des von ihr in der Öffentlichkeit so heftig verteidigten Schulwesens (gegliedert in Haupt-, Realschule oder ein Gymnasium), mit der Begründung, sie wolle ihre Kinder keinen »linken« Lehrern aussetzen. (Tichseinblick 07.09.17)

Wie so oft, dominiert auch bei der Schulauswahl für eine weiterführende Schule der Elternwille. Diese zeigen sich oftmals sehr skeptisch gegenüber einer Inklusion, mit der Befürchtung, dass ihr eigenes Kind eventuell zu wenig lernen könnte. Das wird noch befördert durch die Tatsache, dass Eltern beim Übergang ihres Kindes auf eine weiterführende Schule gefragt werden, ob sie dem Besuch einer Inklusionsklasse zustimmen. Letztlich bedeutet das, es gibt eine oder vielleicht auch mehrere Inklusionsklassen; in jedem Falle gibt es aber auch andere Klassen. Und als Elternteil kann ich mir nun überlegen, ob ich mein Kind in einer Klasse wissen will, wo es eventuell mehr Störungen und Ablenkungen ausgesetzt sein könnte als in anderen. Solange aber nicht jede einzelne Klasse inklusiv ist, bleibt Inklusion ein frommer Wunsch.

An einer Bremen-Norder Oberschule wurde einige Jahre lang ein durchaus erfolgreiches Modell angewandt, das sogenannte »FEGA-System«. Dabei stehen die Buchstaben für Fortgeschritten, Erweitert, Grundlagen und Aufbau. In jedem Jahr wurden die Klassen abwechselnd nach Leistungsstand in Deutsch oder Mathematik eingeteilt. In den Kernfächern kamen die Kinder dann in ihren jeweiligen Leistungsgruppen zusammen. Um ein solches Modell sinnvoll fahren zu können, sollten allerdings mindestens sechs Klassen parallel sein. Und – und das ist sicher ein Knackpunkt – das Ganze ist natürlich nur sinnvoll bei einer ausreichend großen Anzahl von sogenannten »Gymnasialkindern«. Das liefe letztendlich auf eine Abschaffung der herkömmlichen Gymnasien hinaus, und das wird sich nicht durchsetzen lassen.

Warum muss immer alles gleich 150-prozentig erreicht werden? Ich denke, Inklusion – als Gedanke und als Umsetzung- –wäre viel besser begonnen worden, wenn man sich zuerst einmal Gedanken gemacht hätte über die zur Verfügung stehende Summe für solch ein Projekt. Anschließend hätte man dem gegenüberstellen können, was *eine* optimal ausgestattete Schule kosten würde. Und dann hätte man *vielleicht* noch darüber nachdenken können, wie viele Schulen unter solchen Aspekten überhaupt finanzierbar gewesen wären und diese entweder nach Stadtteil, Schulbezirk oder anderen Parametern verteilen können. Die Vorteile dieser Vorgehensweise liegen auf der Hand: Eine derart optimal ausgestattete Schule kann besser inklusiv arbeiten, macht aller Wahrscheinlichkeit nach positivere Erfahrungen mit der Umsetzung von Inklusion und ist somit auch als Werbeträger geeignet für weitere inklusive Schulen, wenn sie denn finanzierbar sind. Das wäre allemal besser als das zurzeit angewandte Gießkannenmodell.

Laut *Weser-Kurier* vom 20.10.2017 besucht in Bremen inzwischen jeder zehnte Schüler eine Privatschule. In manchen Stadtteilen sind es sogar mehr als 20 %. (Timo Thalmann, *WK* s.o.) Für die soziale Durchmischung in den öffentlichen Schulen ist das nicht gut. Logisch, dass vor allem aus Gebieten mit einkommensstarken Eltern viele Kinder auf Privatschulen gehen. Wenn man sich dann die Ergebnisse der IQB-Studien zu den Kompetenzen der Viertklässler in Deutsch und Mathematik ansieht, wird die Tragik dieser Tatsache deutlich: Der Bildungssoziologe Marcel Helbig vom Wissenschaftszentrum Berlin für Sozialforschung (WZB) hat die Genehmigungspraxis von Privatschulen aller Bundesländer analysiert und festgestellt, dass Bremen gegen einige Grundsätze markant verstößt. So dürfen Privatschulen beispielsweise Schüler nicht nach dem Einkommen ihrer Eltern auswählen.

Unabhängig von der Auswahl der Kinder bleibt aber die Vermutung, dass sich in den Privatschulen einige Kinder nicht finden werden:

- behinderte Kinder
- Asylantenkinder
- Flüchtlingskinder.

Die Inklusion in den Privatschulen bleibt somit ein frommer Wunsch.

In der Erklärung von Salamanca geht es u.a. darum, dass jedes Kind einmalige Eigenschaften, Interessen, Fähigkeiten und Lernbedürfnisse hat, und dass Schulsysteme entworfen und Lernprogramme eingerichtet werden sollten, die dieser Vielfalt an Eigenschaften und Bedürfnissen Rechnung tragen. Das, was sich an bremischen Schulen abspielt, ist weit davon entfernt.

# 6. KAPITEL

# TROTZDEM ...

Trotzdem ist für mich der Lehrberuf einer der schönsten, die es gibt. Ich arbeite schon sehr lange, und ich würde es immer wieder tun und am liebsten noch ganz lange, und das trotz aller Schwierigkeiten, die es gab und immer geben wird. Das Unterrichten macht mir Spaß, und ebenso das »Herausfinden«, auf welchem Wege einem Kind mit speziellen Bedürfnissen am besten geholfen werden kann. Ich finde es schön zu sehen, wie aus kleinen sechsjährigen Schulanfängern im Laufe von vier Jahren, was ja nicht eben viel ist, zehnjährige Kinder werden, die selbstständig sind, eine eigene Meinung haben, die sie in der Regel auch vertreten können, und die in Diskussionen durchaus schon in der Lage sind, ihren eigenen Blick auf die Welt zu vertreten und zu begründen.

Das spiegelt sich auch in den Themen des Sachunterrichts wider. Naturgemäß sind einige Bereiche per Lehrplan vorgegeben, aber ich kann auch in gewissem Rahmen auf die Interessen der Kinder eingehen. In einem Jahrgang war zum Beispiel das Interesse an Pyramiden und Pharaonen besonders groß. Also haben wir dieses Thema im Unterricht behandelt. Wir haben uns mit Bilderschrift auseinandergesetzt, Gipsmasken abgenommen, altägyptischen Schmuck aus Silberdraht nachgeformt und uns am Steineschnitzen versucht. An einem Vormittag haben sich alle Mädchen nach ägyptischen Bildvorlagen geschminkt und liefen mit dicken Kajalaugen über den Schulhof.

In einer anderen Klasse war das Interesse am Dritten Reich sehr groß. Ich muss zugeben, dass ich dabei gewisse Bauchschmerzen hatte und erst einmal auf einem Elternabend mit den Eltern gesprochen habe, wie sie dieses Thema einschätzen. Da aber keine Gegenstimmen kamen, habe ich das Thema dann mit der Klasse in Form von selbst gewählten Referaten durchgenommen und festgestellt, dass die Zehnjährigen mit sehr viel Eifer, Interesse, aber auch Vorsicht an den Gegenstand herangingen. Ich hatte zuvor nur eine Einschränkung zur Bedingung gemacht, nämlich keine Bilder von Konzentrationslagern oder deren Insassen zu zeigen. Daran haben sich alle gehalten.

In tieferen Klasse war das Interesse an Tieren oft recht groß. So haben wir an Regenwürmern geforscht und auch an Mehlwürmern. Ich fand es immer spannend, dass bei den Mehlwürmern zunächst das Wort »Iih« am häufigsten vorkam. Dann aber bekam jedes Kind sein eigenes Glas mit Haferflocken, Apfelstückchen und Mehlwürmern, für die es ab dann verantwortlich war, und schon sah die ganze Geschichte sehr anders aus. Die Kinder haben täglich mit großer Sorgfalt und ohne jeden Ekel die abgeworfenen Häute und abgenutzten Apfelstücke entfernt und alles erneuert, sie haben sorgfältig Protokoll geführt, und als der erste Wurm sich verpuppte, herrschte eine allgemeine Euphorie, die nur noch vom Schlüpfen der Käfer übertroffen wurde. Diese haben wir dann in ein nahe gelegenes Wäldchen gebracht. Auch mit uns Erwachsenen macht es etwas, wenn wir die Begeisterung von Kindern erleben. Wir sind ja oft inzwischen viel zu wenig begeisterungsfähig!

Ich mache in den vier Jahren Grundschulzeit auch gern und oft Ausflüge mit den Kindern. Erstens machen sie den Kindern (und mir!) Spaß, zweitens lernen sie dabei meistens mehr, als wenn sie das gleiche Thema im Raum durchnehmen. Es ist einfach viel spannender, selbst Brot zu backen, und das in einem Bauernhaus mit einem riesigen Ofen, als das Gleiche zu Hause zu machen! Und ich habe mit großem Vergnügen erlebt, wie brav im wahrsten Sinne des Wortes meine Schüler und Schülerinnen auf einmal waren, als wir in die »Schule von früher« gingen, sie alte Schulkleidung anziehen durften und auch die Frisuren angepasst wurden: Die Mädchen trugen plötzlich strenge Zöpfe, und die Haare der Jungen waren, in der Regel feucht, mit einem strengen Scheitel versehen. Bei manchen Kindern hatte ich tatsächlich Mühe, sie wiederzuerkennen! Die Kinder haben sich in dieser einen Unterrichtsstunde, die eine Lehrerin »von früher« in altem Schulkostüm durchführte, tatsächlich so benommen, wie sie sollten. Es schien beinahe so, als ob sie mit der Kleidung auch einen Teil ihrer Persönlichkeit ausgewechselt hatten, und es war faszinierend anzusehen, mit welchem Ernst sie an dieser Stunde teilnehmen. Wie selbstverständlich standen sie für die Antworten auf und setzten sich anschließend wieder. Nicht nur das, als wir zurück waren, bettelten die Kinder so lange, bis wir tatsächlich unsere Gruppentische in Reihen mit einem Mittelgang umstellten, sodass auf der einen Seite Mädchen und auf der anderen Seite Jungen saßen. Und sie bestanden darauf, bei Antworten aufzustehen!

Zum einen zeigte mir das, wie sehr sie dieses Spiel genossen, aber auf der anderen Seite frage ich mich auch, ob dieser sehr reglementierte Rahmen nicht auch etwas ist, was Kinder gern manchmal haben möchten. Rahmen und Strukturen stellen ja in gewisser Hinsicht eine Art Korsett dar und bieten eine Sicherheit, in deren Rahmen man sich bewegen kann.

Besonders gut lernt man »seine« Kinder ja auf Klassenfahrten kennen. Darum mache ich sie gerne und habe auch in jeder Klasse mindestens eine durchgeführt. Mir war immer wichtig, kein Kind zu Hause zu lassen, und das habe ich auch durchhalten können, wenn es auch nicht immer einfach war. Beim Toben im Wald oder im Wasser, beim abendlichen Vorlesen und beim gemeinsamen Essen sieht man die Kinder häufig ganz anders, als sie sich sonst geben. Das steht und fällt natürlich mit genügend (und den richtigen) Begleitpersonen. Ich hatte das große Glück, dass ich immer tolle Kolleginnen dabeihatte oder ebenso tolle Mütter oder Erzieher, sodass ich mich viel um einzelne Kinder kümmern konnte. Auch die sozialen Kompetenzen mancher Kinder kann man dabei ganz anders kennenlernen So erinnere ich mich an ein Vierer-Jungenzimmer, bei dem ich mich anfangs fragte, ob die Kombination der Kinder gut gehen würde, weil zwischen drei recht robusten Kindern ein sehr weicher Junge war. Als ich spätabends noch einmal meine Runde machte, stellte ich fest, dass einer der robusteren Jungen weinte und Heimweh hatte. Neben ihm am Bettrand saß mein zurückhaltender kleiner Florian, streichelte seinen Rücken und redete ihm gut zu. Ich gebe zu, ich war erstaunt – und habe mich gefreut!

# 7. KAPITEL

# ZUKUNFTS-GEDANKEN

**W**ie wird es weitergehen? Mit Inklusion, mit Schule? – Wenn ich mir die Kinder meiner Klasse so ansehe, habe ich durchaus gemischte Gefühle, was ihre Zukunft betrifft. Damit meine ich nicht nur die allgemeine Zukunft, sondern die jeweils individuelle eines Kindes.

Ich bin mir recht sicher, dass Kinder wie Philip, Christin, Tom oder Alice im Leben zurechtkommen werden. Aber was ist mit Kindern wie Tammo? Wie weit reicht das Trauma des Aufwachsens mit einer psychisch kranken Mutter? Wird er irgendwann in der Lage sein, seine damit verbundenen traumatischen Erfahrungen zu verarbeiten?

Wie wird ein Kind wie Erol in der weiterführenden Schule mit ihrem Fachlehrersystem zurechtkommen? Wird er jedes Mal von Neuem versuchen, durch irgendwelche Nischen zu schlüpfen, oder aus reinem Übermut Unsinn zu machen? Ich habe ihn als ein Kind erlebt, das eine sehr klare und konsequente Struktur braucht, etwas, was im Rahmen der Grundschule möglich ist, weil dort in der Regel das Klassenlehrerprinzip vorherrscht. In den weiterführenden Schulen allerdings gibt es das Fachlehrerprinzip, und man kann trotz aller Teamarbeit und allen Austausches nicht davon ausgehen, dass sämtliche Lehrer die gleiche Belastbarkeit, die gleiche Konsequenz etc. zeigen. Einem Kind wie Erol eröffnet das viele Möglichkeiten, sich mit nicht zum Unterricht gehörenden Dingen zu beschäftigen. Und seine grundsätzlich stets vorhandene Aggressionsbereitschaft wird ihm vieles erschweren oder unmöglich machen.

Auch um Dennis mache ich mir Sorgen. Die Familienhilfe ist beendet, und nun sind die Eltern mit ihrem Kind auf sich gestellt. Dennis ist ein hübsches, aber lernschwaches Kind, das sich leicht angegriffen fühlt und entsprechend reagiert. Wie wird das in der Oberschule gehen? Zwar herrscht auch dort Inklusion, aber durch die unterschiedlichen Systeme ist das immer noch anders als in der Grundschule. Und da es mit seiner Frustrationstoleranz nicht unbedingt zum Besten steht, frage ich mich schon, ob er bei häufigeren Sanktionen aufgrund von Fehlverhalten nicht irgendwann ganz der Schule fernbleiben wird.

Von Noah habe ich nichts mehr gehört, außer über Dritte, dass seine Probleme auch in der Privatschule bestehen geblieben sind. Das Gleiche gilt für Christin.

Rafael wird umziehen und dadurch auch den Schulbezirk wechseln. Mag sein, dass sein Verhalten sich in einer neuen Umgebung ändert – glauben kann ich es nicht. Vielleicht schaffen aber die dortigen Kollegen es, dass die Eltern einer Diagnostik und dann gegebenenfalls einer Behandlung zustimmen.

Ellaha hat sich gut in die Klasse integriert und spricht ausreichend deutsch. Bedauerlicherweise kennt sie auch schon viele Schimpfwörter, und so kommt es zu Konflikten mit anderen Mädchen, die sich beleidigt fühlen. Mir gefällt das zwar nicht, aber ich glaube, für sie ist es gut, auf diese Weise »dazu«zugehören. Vor Kurzem hat sie mich überrascht, weil sie unbedingt auch eine Geschichte über einen Ausflug schreiben wollte wie die anderen Kinder – ich hatte ihr das bis dahin noch nicht zugemutet. Und – sie hat eine sehr hübsche kleine Geschichte geschrieben und dabei fast keine Rechtschreibfehler und kaum Grammatikfehler gemacht. Ich bin unglaublich stolz auf sie!

Pascal ist inzwischen 17 Jahre alt. Ich sah ihn einmal auf der Straße. Er schien vollkommen in sich gekehrt und ging steif und ohne nach links oder rechts zu sehen mit nach unten gerichtetem Blick. Alles dies sind Einzelschicksale – aber auch Inklusionserfahrungen.

Und die Eltern? Manche werden vielleicht imstande sein, aus den Erfahrungen der vergangenen vier Grundschuljahre zu lernen, und diese Lernerfolge auf andere, jüngere Kinder übertragen können. Manche können das nicht, das bedeutet, die gleichen Erziehungsfehler, Einstellungsprobleme und Strukturschwächen werden sich wiederholen. Und – machen wir uns nichts vor: Kranke Eltern können aus eigener Kraft wenig ändern. Da sind Institutionen wie z. B. das Jugendamt erforderlich. Da es jedoch auch dort zu wenige MitarbeiterInnen und einen hohen Krankenstand gibt, wiederholt sich das Personalproblem aus der Grundschule, nur auf anderer Ebene. Das führt oftmals dazu, dass die Kriterien, die ein/e JugendamtsmitarbeiterIn an eine Familie anlegt, sehr viel strikter sind als bei uns LehrerInnen. Oftmals genügt es, wenn ein Kind rein äußerlich gut genährt und gekleidet ist, um einen akuten Hilfebedarf auszuschließen. Das habe ich bei Timo erlebt, der keine Jugendamtshilfe bekam, obwohl seine Mutter psychisch äußerst labil ist.

Auch Schule selbst könnte etwas verändern. So stehe ich zum Beispiel den manchmal gewünschten Parallelversetzungen grundsätzlich offen gegenüber. Meistens kann, wie bereits erwähnt, weder ich noch ein Kollege etwas anders machen als der jeweils andere, aber häufig sind die Eltern schon beruhigt, wenn sie mit diesem Wunsch etwas erreichen – wobei man allerdings von vornherein vereinbaren sollte, dass es erstens kein Zurück und zweitens keine weitere Querversetzung gibt. Und wenn dadurch die Zusammenarbeit mit ihnen besser ist, warum sollte man diesen Weg nicht gehen, jedenfalls bis zu einer bestimmten Klassenstärke? (Es kann natürlich nicht sein, dass ein Kollege 30 Kinder hat und ein anderer zehn.)

Lehrer und Lehrerinnen jetzt noch ins Boot zu holen, wird schwierig sein. Zu viele haben die Erfahrung gemacht, dass ihre Anregungen, Vorschläge und Kritikpunkte sowie ihre Überlastungsanzeigen nicht ernst genommen wurden. Die Kluft zwischen »denen da oben« und »wir hier unten« ist mittlerweile fast unüberbrückbar geworden. Das ist ein Riesenproblem, sowohl aktuell als auch für die Zukunft. Inklusion kann nur funktionieren, wenn alle gemeinsam an einem gemeinsamen Ziel arbeiten, das gemeinsam diskutiert wurde und wird und gemeinsam umgesetzt wird. Wenn jede Anweisung vonseiten der Behörde als zusätzliche Belastung empfunden wird und jede Lehrerkritik von der Behörde als larmoyant abgetan wird, ist dieses Ziel zum Scheitern verurteilt. Das heißt: Um das Ziel einer Inklusion zu erreichen, müssen alle an einen Tisch kommen, es müssen *alle* Stimmen gehört werden, und es muss ein Konzept erarbeitet werden, das für *alle* Beteiligten tragbar ist. Dazu kann unter Umständen auch gehören, dass früher getroffene Entscheidungen zurückgenommen werden müssen, bis eine ausreichende Personaldecke vorhanden ist. Dazu kann auch die Einsicht gehören, dass manche Kinder trotz Inklusion besser in einer Klein- bis Kleinstgruppe aufgehoben sind, weil alles andere für sie Folter darstellt.

Und last but not least gehören dazu Formen der Leistungsbeurteilung, die nicht am Regelschulkind ausgerichtet sind, sondern auch Lernerfolge bei Kindern mit unterschiedlichen Einschränkungen abbilden.

# 8. KAPITEL

# AUSBLICK

**W**o wird die Grundschule (in Bremen, aber nicht nur dort) in zehn Jahren stehen? Ich werde dann nicht mehr im Dienst sein. Dennoch mache ich mir durchaus Gedanken. Das Resümee aus den vorangegangenen Schilderungen kann nur lauten: Grundschule braucht mehr, braucht viel mehr Personal! Sie braucht Räume.

Sie braucht, und das ist essenziell, die Gelassenheit, bei aller Inklusionsbereitschaft auch zu erkennen, wo ein Kind *nicht* inkludiert werden sollte, wo es wichtig ist, reizarme Räume mit Kleinstgruppen zu schaffen, kurz: wo die Salamanca-Erklärung Ausnahmen erforderlich macht.

Sicher wird der eine oder andere entgegnen: Na ja, bis dahin sind ja wieder mehr LehrerInnen ausgebildet worden, das wird schon. Aber genau das halte ich für einen Fehlschluss!

Zum einen gehen ja auch Lehrkräfte in den Ruhestand, zum anderen bleiben manche der neu ausgebildeten nicht in Bremen – verdenken kann man es ihnen nicht. Dazu kommt die unablässige Bemühung der Behörden, auf Gedeih und Verderb Ganztagsschulen einzurichten, und das, obwohl sich die Stimmen von Eltern mehren, die ihre Kinder gern mittags zu Hause haben wollen. Die Schule, an der ich arbeite, wird 2019 Ganztagsschule. Es gibt vonseiten der Architekten gute Pläne, wie man das vorhandene Gebäude dazu umbauen kann. Es gibt aber auch die klare Mitteilung, dass dies erst in den nächsten zehn Jahren irgendwann geschehen könne, weil die Ressourcen nicht früher vorhanden sein werden. Und leider kann man sich als realistischer Mensch nicht des Gedankens erwehren, dass das Geld auch dann nicht da sein wird, sondern dass man dann einen Status quo hat, von dem man sagen kann: Bisher ging's doch auch so, dann geht's auch noch ein bisschen weiter.

In den Zeiten, in denen das Wünschen noch geholfen hat, wäre es einfach. Da wäre der Wunsch nach mehr Lehrkräften für die Kinder und damit mehr Zeit für die Kinder erfolgreich gewesen. Heute ist er das leider nicht, obgleich ich persönlich der Meinung bin, es müsste möglich sein – wenn alle es wollen.

# LITERATUR

- Abram, Susanne: Die internationale Theoriendiskussion von der Integration zur Inklusion und die Praxisentwicklung in Südtirol. Diplomarbeit 2003
- **Beamten Infoportal** vom 09.01.2017 https://beamten-infoportal.de/ .../lehrer/inklusion-nein-danke-diskriminierung-der-foer ...
- **Bayerisches Staatsministerium** für Bildung und Kultus, Wissenschaft und Kunst, Verordnung vom 19.08.2016
- **Bertelsmann Stiftung:** Wie Eltern Inklusion sehen: Erfahrungen und Einschätzungen – Ergebnisse einer repräsentativen Elternumfrage. Gütersloh 2015
- **Biewer, Gottfried:** Grundlagen der Heilpädagogik und Inklusiven Pädagogik. 3. Auflage Utb GmbH 2017
- **Bigalke, Silke:** Inklusion in Schweden. Was man in Stockholm lernen kann. In: Süddeutsche Zeitung 26.01.2015
- **Boie, Kirsten:** Es ist zum Weinen. In: Die Zeit Nr. 23. 30. Mai 2018. S. 63)
- **Bremer Bündnis für schulische Inklusion.** Reader vom Ausgust 2017
- **von Carnap**, R., & **Edding, F.** (1962). Der relative Schulbesuch in den Ländern der Bundesrepublik 1952–1960 (Manuskriptdruck). Frankfurt: Hochschule für Internationale Pädagogische Forschung.
- Die ZEIT vom 30.Mai 2018. S. 61: Martin Spiewak. Plötzlich ist der Wurm drin
- **Dräger, Jörg:** Dichter, Denker, Schulversager. Gute Schulen sind machbar – Wege aus der Bildungskrise. Deutsche Verlags-An-

stalt, München 2011, ISBN 978-3-421-04529-4 (mit einer politischen Gebrauchsanweisung von Klaus von Dohnanyi).

- **Ellger-Rüttgardt, Sieglind**: Geschichte der Sonderpädagogik. Eine Einführung. 2008, S.202.
- **Fachkommission Inklusion**: Ziele und Maßnahmen zur Umsetzung der UN-Behindertenrechtskonvention in Niedersachsen. Niedersächsisches Ministerium für Soziales, Gesundheit und Gleichstellung (Hrsg.). September 2016, S. 16 (Punkt II.4.2.15) online
- **Fakten zur Asylpolitik** 2015. Sachverständigenrat deutscher Stiftungen für Integration und Migration, 29. Januar 2016, abgerufen am 27. Februar 2016. S. 4
- **GEW** Bericht vom 26.02.2017
- **Hänsel, Dagmar**: Die NS-Zeit als Gewinn für Hilfsschullehrer. 2006, S. 103.; Dagmar Hänsel: Karl Tornow als Wegbereiter der sonderpädagogischen Profession. 2008, S. 10.
- **Hermann, Kristin**: Studenten gegen Lehrermangel. In: Weser-Kurier vom 23.08.2017
- **Hoche, Alfred/ Binding, Karl**: Die Freigabe der Vernichtung unwerten Lebens. Verlag Felix Meiner. Leipzig 1920
- **Höck, Manfred**: Die Hilfsschule im Dritten Reich. 1979, S. 172f.
- www.uni-bremen.de/studium/orientieren bewerben/studienangebot/lehramt/gymnasiumoberschule.html
- **Klemm, Klaus**: (2014a): Auf dem Weg zur inklusiven Schule: Versuch einer bildungsstatistischen Zwischenbilanz. In: Zeitschrift für Erziehungswissenschaft 4/2014, S. 625–637
- ders.: Mögliche finanzielle Auswirkungen einer zunehmenden schulischen Inklusion in den Schuljahren 2014/15 bis 2016/17 – Analysen am Beispiel der Stadt Krefeld und des Kreises Minden-Lübbecke. Düsseldorf
- ders.: Inklusion in Deutschland. Daten und Fakten. Bertelsmann Stiftung Gütersloh 2015

- Kronauer, Martin (2010a): Inklusion-Exklusion. Eine historische und begriffliche Annäherung an die soziale Frage der Gegenwart. In: ebd. (Hrsg.): Inklusion und Weiterbildung. Reflexionen zur gesellschaftlichen Teilhabe in der Gegenwart. Bielefeld: W. Bertelsmann Verlag, S. 24–58.
- ders.: Wer Inklusion möchte, darf über Exklusion nicht schweigen. Plädoyer für eine Erweiterung der Debatte, in: *Jahrbuch für Pädagogik 2015: Inklusion als Ideologie*, Frankfurt am Main: Peter Lang, 2015, S. 147–158,
- Lange, Valerie: Inklusive Bildung in Deutschland .In Gute Gesellschaft – soziale Demokratie 2017 plus
- Luhmann, Niklas: Die Gesellschaft der Gesellschaft, 2 Bände, Frankfurt am Main: Suhrkamp, 1997
- Luhmann, Niklas: (1995): Inklusion und Exklusion. In: Soziologische Aufklärung. Band 6: Die Soziologie und der Mensch. Opladen: Westdeutscher Verlag, S. 237–264.
- Papke, Birgit: Das bildungstheoretische Potenzial inklusiver Pädagogik. HG Forschung Klinkhardt Bad Heilbrunn 2016
- Parsons, Talcott: Aktor, Situation und normative Muster: Ein Essay zur Theorie sozialen Handelns (suhrkamp taschenbuch wissenschaft) Taschenbuch – 30. Januar 1994
- Picht, Georg: Die deutsche Bildungskatastrophe. DTV 1965
- Schönberg, Dominik: Inklusion am Gymnasium: So funktioniert sie (nicht), Blogbeitrag vom 15.04.2018, Online im Internet, URL: http://bildungsluecken.net/781-inklusion-am-gymnasium-unter-diesen-bedingungen-funktioniert-sie-nicht#more-781 [letzter Abruf:25.04.2018].
- Schulliste EU, Land Bremen
- Seyffarth, Moritz: Deutsche Schulen scheitern an einem großen Versprechen. In: Die Welt Digital Zeitung 19.05.2017
- Stadler, Hans: Die schulische Förderung junger Menschen mit Körperbehinderung und chronischer Erkrankung zwischen Se-

gregation und Integration. S. 96. In: Sonderpädagogik, 30 (2000) 2, S. 88–101

- **Stichweh** R. (2007) Inklusion und Exklusion in der Weltgesellschaft – Am Beispiel der Schule und des Erziehungssystems. In: Aderhold J., Kranz O. (eds) Intention und Funktion. VS Verlag für Sozialwissenschaften
- **Thalmann, Timo,** in Weser-Kurier Bremen 20.07.2017
- **Theiner, Jürgen:** Gericht entscheidet über Inklusion in Horn. Weser-Kurier vom 27.06.18, S. 10
- **Theiner, Jürgen:** Inklusionklage chancenlos. In: Weser-Kurier vom 28.06.18 S. 1
- **Tichseinblick** 07.09.17
- **Trumpa, Silke/Seifried, Stefanie, Franz, Eva/ Klauß, Theo** (Hg): Inklusive Bildung: Erkenntnisse und Konzepte aus Fachdidaktik und Sonderpädagogik. Beltz 2014
- **Uden, Ulla:** Wir brauchen die Förderschulen. / Die Kontinuität hilft. In: Weser-Kurier von 29.03.2018 Bremen / Weser-Kurier vom 27.04.2018)
- **Wrase, Michael:** Förderschulzuweisung unter verfassungsrechtlichem Legitimationszwang. verfassungsblog.de. 22. August 2014
- **Wocken,** b: Frei herumlaufende Irrtümer. Eine Warnung vor pseudoinklusiven Betörungen. Bildungsserver Mecklenburg-Vorpommern. 2013, S. 4
- Quelle : RP Online 19.06.2014
- Quelle www.berlin.de/imperia/md/content/sen-bildung/ schulqualitaet/element6_bericht_komplett.pdf?start&ts= 1229526638&file=element6_bericht_komplett.pdf
- www.tagesschau.de/multimedia/animation/animation192. html
- Zeit online www.zeit.de/2016/39/bildung-lehrer-sicherheit-inklusion-zukunft/seite-2 (1.10.2016)

# 111 GRÜNDE, LEHRER ZU SEIN

## DAS GESCHENKBUCH FÜR ALLE LEHRER UND ALLE, DIE ES MAL WAREN ODER WERDEN WOLLEN

**111 GRÜNDE, LEHRER ZU SEIN**
EINE HOMMAGE AN DEN SCHÖNSTEN BERUF DER WELT
Von Dietrich von Horn
224 Seiten, Taschenbuch
ISBN 978-3-86265-310-2 | Preis 9,95 €

»In diesem Buch werden sie auf eine liebenswert humorvolle und bisweilen hintersinnig-süffisante Weise geschildert, die schönen und weniger angenehmen Facetten dieses Berufes, die aus Sicht des Autors dafür sprechen, Lehrer zu sein oder zu werden. Die Botschaft des Autors, der über eine 40-jährige Berufserfahrung als Hauptschullehrer verfügt, ist eindeutig: Man muss von der Liebe zu diesem Beruf durchdrungen sein, denn er ist einzigartig und für ihn einer der wichtigsten und zugleich schönsten auf der Welt. Dieses Buch ist eine ganz persönliche Liebeserklärung an einen oft zu Unrecht gescholtenen Beruf, der viel mehr ist als nur ein Job. Gleichermaßen empfehlenswert für engagierte, zweifelnde oder desillusionierte Lehrkräfte, aber auch für junge Menschen, die vorhaben, diesen Beruf zu ergreifen.«
*Magazin Bildung+*

# WEITERE 111 GRÜNDE, LEHRER ZU SEIN

DER 2. TEIL DES HEIMLICHEN BESTSELLERS 111 GRÜNDE, LEHRER ZU SEIN.
DAS IDEALE GESCHENKBUCH

**WEITERE 111 GRÜNDE, LEHRER ZU SEIN**
EINE HOMMAGE AN DEN ALLERSCHÖNSTEN BERUF DER WELT
Von Dietrich von Horn und Hein-Dirk Stünitz
264 Seiten | Taschenbuch
ISBN 978-3-86265-602-8 | Preis 9,99 €

Lehrer zu sein und an seinem Beruf zu zweifeln, ist nicht mehr, seit 111 GRÜNDE LEHRER ZU SEIN erschienen ist. Dem Leser wird vor Augen geführt, wie abwechslungsreich ein Leben als Pädagoge sein kann. Ihm wird geholfen, wahrzunehmen, wie unterhaltsam seine Aufgabe sein kann. Er wird angeregt, über schulische Entwicklungen nachzudenken, und kann sich in vielen Situationen wiederfinden. Am Ende steht dann die Erkenntnis: Der Job ist schwer, aber so befriedigend. Man muss sein Glück der eigenen Berufswahl nur erkennen. Gehen Sie mit auf eine abenteuerliche Reise durch das Lehrerdasein. Von Lehrern verfasst, die es nie bereut haben, diesen Beruf gewählt zu haben. Ein Buch für alle, die sich mit diesem wunderbaren Beruf auseinandersetzen: Für Väter und Mütter, Großeltern, Erzieher und natürlich Pädagogen, ob als Studenten, als aktive Lehrer oder als Lehrer im Ruhestand!

# 33 SCHÜLER, MIT DENEN ELTERN UND LEHRER RECHNEN MÜSSEN

## DAS PENDANT DES SPIEGEL-BESTSELLERS
### »33 LEHRER, MIT DENEN IHR KIND RECHNEN MUSS«

**33 SCHÜLER, MIT DENEN ELTERN UND LEHRER RECHNEN MÜSSEN**
TEENIES, TYPEN, TÜCKEN – DAS BUCH ZUM TÄGLICHEN WAHNSINN
Mit Illustrationen von Jana Moskito
Von Stephan Borchers
272 Seiten | Taschenbuch
ISBN 978-3-86265-531-1 | Preis 9,99 €

Die Schülerinnen und Schüler in diesem Buch gibt es wirklich, der Autor ist Lehrer und weiß das. Sie tun meist nichts Böses, aber manchmal auch wenig Kluges; sie haben Stimmungsschwankungen, finden Hausaufgaben zum Kotzen und machen sich mehr Gedanken um ihren Facebook-Status als um die Mathearbeit.

Vom Clown zum Freak, vom Emo zum Hipster, vom Schwänzer zum Petzer, vom Prinzen zur Prinzessin und vieles mehr – 33 SCHÜLER, MIT DENEN ELTERN UND LEHRER RECHNEN MÜSSEN bildet in 33 pointierten Porträts eine durchschnittliche Schulklasse ab und ist, genau wie ein moderner Teenager, immer für eine Überraschung gut.

Ein Kompass für Eltern und Lehrer, die »mehr« wissen wollen – hilfreich, witzig und aktuell! Das Buch lässt kein Klischee aus – und soll es auch nicht. Denn an diesen Klischees ist verdammt viel dran ...

# 33 ELTERN, MIT DENEN LEHRER UND SCHÜLER RECHNEN MÜSSEN

### 33 ELTERNTYPEN – GELASSEN, VERPEILT, ÜBERVORSICHTIG, ENERGISCH, GNADENLOS – UND WELCHER TYP SIND SIE?

**33 ELTERN, MIT DENEN LEHRER UND SCHÜLER RECHNEN MÜSSEN**
UND WELCHER TYP SIND SIE?
Mit Illustrationen von Jana Moskito
Von Stephan Borchers
296 Seiten | Taschenbuch
ISBN 978-3-86265-632-5 | Preis 9,99 €

*Eltern haben's nicht immer leicht. Deshalb suchen sie verzweifelt nach immer neuen Ideen, ihre Kinder vermeintlich »richtig« zu erziehen. Was steckt also hinter verschiedenen Erziehungsstilen oder Verhaltensweisen?*

*Warum haben einige Eltern die Telefonnummer ihres Anwalts auf Speed-Dial? Warum sind manche Eltern unzufrieden mit George Orwell im Englischunterricht? Und*

*warum sitzen viele Eltern in schulischen Gremien herum, obwohl sie nicht einmal wissen, dass ihr Kind seit Wochen den Unterricht schwänzt?*

*Mit viel Witz und Ironie gibt 33 ELTERN, MIT DENEN LEHRER UND SCHÜLER RECHNEN MÜSSEN einen Überblick über alle relevanten modernen Elterntypen, was sie ausmacht, was sie sagen, wie sie sind – und wie SIE lieber nicht sein sollten.*

WWW.SCHWARZKOPF-SCHWARZKOPF.DE

DR. UTE SCHIMMLER, geboren 1953 in Bremen, hat nach ihrer Promotion weiterhin in der Grundschule gearbeitet und sich dabei besonders für Kinder mit jeder Form von Benachteiligung interessiert. Mit ihrem Buch »Inklusion – so nicht!« möchte sie Mut machen, sich für eine inklusive Beschulung stark zu machen, aber auch die dazu notwendigen Bedingungen einzufordern.

Ute Schimmler
INKLUSION – SO NICHT!
*Eine Lehrerin berichtet, wie es wirklich ist –*
*eine kritische Bestandsaufnahme aus der Praxis*

ISBN 978-3-86265-744-5
© Schwarzkopf & Schwarzkopf Verlag GmbH, Berlin 2019
Vermittelt durch die Literaturagentur Brinkmann, München | Alle Rechte vorbehalten. Dieses Werk ist urheberrechtlich geschützt. Jede Verwendung, die über den Rahmen des Zitatrechtes bei korrekter und vollständiger Quellenangabe hinausgeht, ist honorarpflichtig und bedarf der schriftlichen Genehmigung des Verlages. | Coverbild: © bogdandreava/depositphotos.com; Autorenfoto: Privatarchiv Ute Schimmler

VERLAG
Schwarzkopf & Schwarzkopf Verlag GmbH
Kastanienallee 32, 10435 Berlin
Telefon: 030 – 44 33 63 00
Fax: 030 – 44 33 63 044

INTERNET | E-MAIL
www.schwarzkopf-schwarzkopf.de
www.facebook.com/schwarzkopfverlag
info@schwarzkopf-schwarzkopf.de